ニコラ・ヴェルト

共食いの島

スターリンの知られざるグラーグ

根岸隆夫 訳

みすず書房

L'ÎLE AUX CANNIBALES

1933, une déportation-abandon en Sibérie

by

Nicolas Werth

共食いの島　スターリンの知られざるグラーグ

ここでは死が意味をもつのではない、
生命がまったく価値を失っているのだ。

ツヴェタン・トドロフ(1)

ここで数字と統計を語ることほど悲しいことはない。
たったひとりの死が絶対的な不幸をもたらすときに
卑しく数字を数えることは苦痛だ。

アニ・クリジェル(2)

目次

関係政府機関の名称

グラーグ（GULAG）　矯正労働収容所管理総局、1930年に創設。OGPUの管轄下にある。

指揮管区（KOMANDATURA）　グラーグ特別移住部の下部組織で、移送されてきた人びとを管理し、移送地での軟禁状態（「特別村」）を管轄する。1930年代おわりには、100万人以上の特別移住者を監督する1800以上の指揮管区が存在した。本文中では「管区」と略称。

シブラーグ（Siblag）　グラーグ西シベリア支局

OGPU　合同国家政治機構。1922年以降は事実上ソ連政権の政治警察を意味した。ソ連を構成する各連邦共和国の国家政治機構（GPU）を包括する。1917年から1922年までソビエト政権揺籃期の政治警察は、ヴェチェカ（Vecheka、略号はチェカ Cheka）、すなわち全露反革命投機怠業鎮圧非常委員会として知られた。1934年にOGPUは内務人民委員部（NKVD）に吸収される。

ナジノ島の周辺 1933年当時

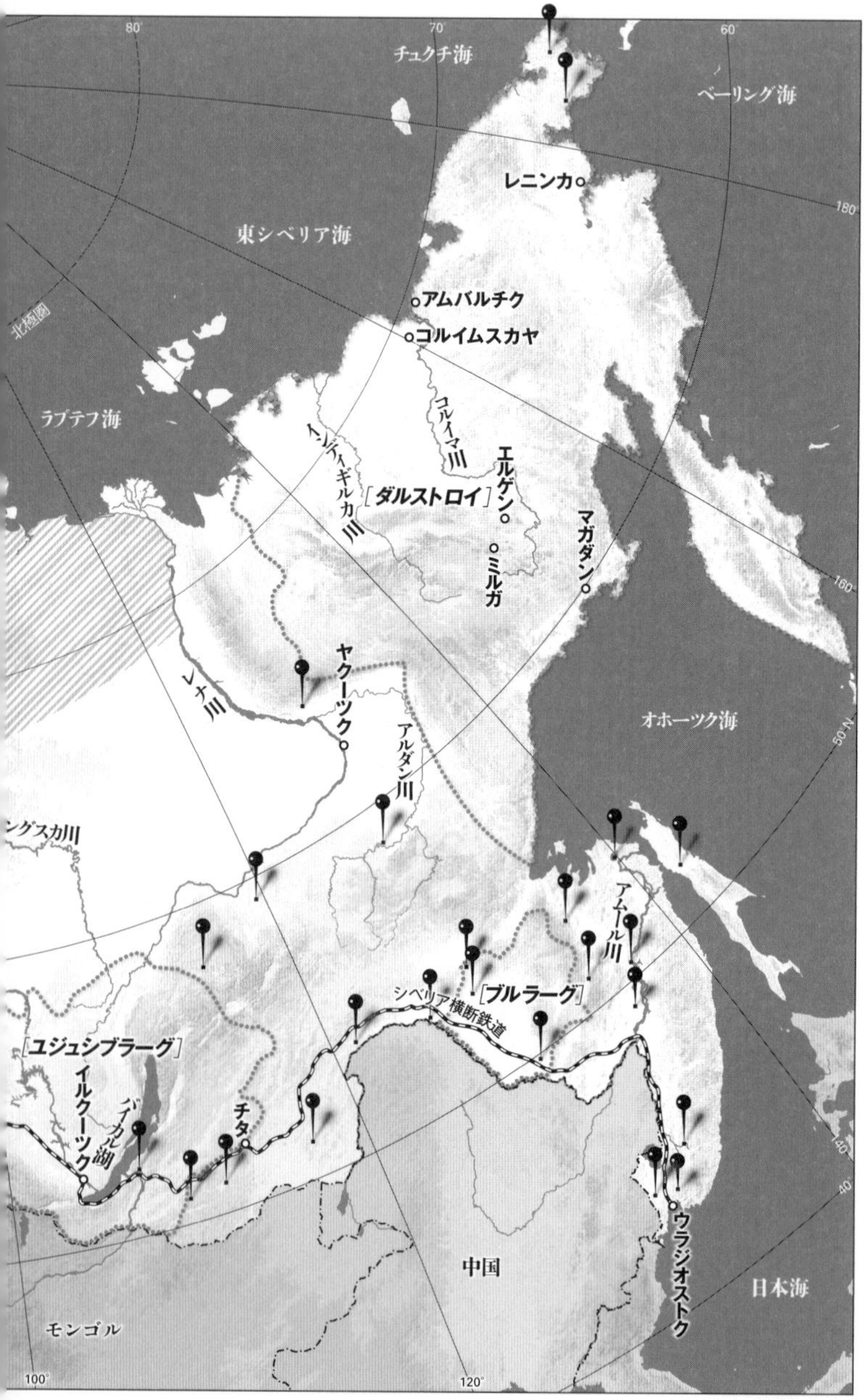

80°
70°
60°
チュクチ海
ベーリング海
レニンカ
180°
東シベリア海
アムバルチク
コルイムスカヤ
北極圏
ラプテフ海
コルイマ川
エルゲン
インディギルカ川
［ダルストロイ］
ミルガ
マガダン
160°
ヤクーツク
レナ川
アルダン川
オホーツク海
50°N
ングスカ川
アムール川
［ブルラーグ］
シベリア横断鉄道
［ユジュシブラーグ］
イルクーツク
バイカル湖
チタ
140°
40°
ウラジオストク
中国
日本海
モンゴル
100°
120°

ウラル山脈以東の強制労働収容所 1918-1958

まえがき

「メモリアル協会」は、ゴルバチョフのペレストロイカ時代に創立され、ソ連の政治的抑圧の記憶を後世に伝える活動をしている。その西シベリア、トムスク支部創設者の1人、ヴァレリー・ファストは、トムスクの北西900キロ、オビ川畔の寒村ナジノで1986年7月21日、年老いた農婦タイサ・チョカレヴァからある話を聞いた。かのじょは、ロシア人がシベリアに到達するはるか前からこの荒蕪《こうぶ》の地に住みついていたオスチア族の1人だ。その証言はこうだ。

わたしたちはエルガンキナ村で暮らしていた。毎年春になると、ポプラの皮を収穫して川下に流すためにナジノ島に渡ったものだ。それだけが暮らしの糧だった。家族総出で食べものをじゅうぶん持って、一シーズンを過ごしにいくのが習慣だった。この年、そこで何を見たか? 島のいたるところに人が溢れていることだった。この人たちが連れてこられたのは1932年、いや確か1933年だったと思う。1933年の春にわたしは13歳だった。島の対岸のナジノ村に着くと、村人は口々に言った、「島にたくさんの人が連れてこられた」。1万3000人くらい。たいへんな数だ。何が起きているのかさっぱりわからない。ひとつだけ確かなことは、わたしたち一家にとって稼ぎの一季節がふいになったということだった。とても大勢の人が島に野晒《のざら》しのまま置き去りにされたのを覚えている。

人びとは逃げようとして「鉄道はどこだ？」と訊いた。わたしたちは鉄道なんて見たこともなかった。「モスクワはどっちだ？ レニングラードは？」とも訊いた。わたしたちはそんな町の名前は聞いたこともなかったから、答えようがなかった。訊く相手をまちがえていた。わたしたちはオスチア族だ。飢えた人びとは逃げようとしていた。小麦粉をあたえられると、川水に混ぜて飲みくだし、すぐさまお腹をくだした。なんというありさまだろう！ 人びとはそこらで死にかけていた。おたがいに殺しあっていた。村の川べりには小麦粉の袋が山と積み上げられていた。こんなにあるというのに、人びとにはたった一握りしかあたえられていなかった。

島にはコスティア・ヴェニロフという名前の監視兵がいた。若い男だった。連れてこられたあるきれいな女の子に気があった。だから、かのじょをかばった。ある日、ちょっと留守にするので、仲間の1人にかのじょを守ってくれと頼んでおいて出かけた。頼まれた仲間にしてみれば多勢に無勢でなす術がなかった。……娘はポプラの樹に縛りつけられ、乳房、筋肉が切り取られ、食べられるところは余さず……飢えた人びとはむさぼり食った。コスティアがもどってきたとき、かのじょにはまだ息があった。助けようとしたけれども失血で死んでしまった。この男には運がなかった。ここで起きていたのはこんな類のことだったのだ。島を歩くと、ほうぼうで切り裂かれた人間の肉がぼろ布に包まれて樹の枝にかけてあった。医者のイアキム・イヴァノヴィッチが通りかかるのを見ると、島の人びとは言ったそうだ、「太っていて美味そうな奴だ」。医者は逃げだした。すると民警は、医者が食べられないようにと連れていった。それから、医者は人民の敵として逮捕されたのだ。

それなのに、川岸には小麦の山があった！　人びとに食べさせるために運ばれてきたものだ。けれど、それがいったいどうなったか、だれも知らなかった。ひとつ確かなことは、腐ったということ。だれかが盗んだのかもしれない。盗まれたか、盗まれなかったか、わたしは知らない。知っているのは、人びとが死ぬほど飢えていたことだ。

エルガンキナには、村が人びとに襲われる場合にそなえて2人の監視兵が、家族同伴で派遣されていた。監視兵は襲ってきた人びとのうちの1人を捕まえると舟に乗せ、川の向こう側の旧ナジナに連れていって射殺し、死体を川に投げこんだ。死体は下流に流れていった。このときは、1人の監視兵ともう1人、ナジナに住みついたあとエルガンキナのわたしたちのところに移ってきた元受刑者のヴァシリ・ピアトキンがいて、この2人は人びとを向こう側に連れていって射殺するのが役目だった。……その途中、2人は人びとに卑猥な歌を歌わせた。パンの切れ端を投げると人びとは我先にと取っ組み合いになった。飢えていたのだから、無理もない。それからまた歌わせた。

水嵩《かさ》が減ると、イリナはトヴェルティン夫婦といっしょに干し草作りにいった。ピョトル・トヴェルティンはエルガンキナ村で店をやっていて、イリナはそこの使用人だった。干し草作りから帰ってきたイリナはわたしに言った、「なんという臭《くさ》さ！　ほんとにひどい臭い！」わたしはかのじょが何かを探しているのを見たけれど、かのじょはたえず手を洗い、また死人を見にもどっていった。わたしは、臭いに敏感なオスチア人の鼻を押さえて畑に入っていった。臭いのは当たり前だった、死者は腐敗していた。そこにひと月もほっておかれていたのだ。トヴェルティンとイリナが死体から金歯を抜き取っていたのがわかった。イリナは、店主に言われたからしてるんだと言った。アレクサンドロフスコエにはトルグシン〔外貨と金でのみ「不足品」を買える特別国営店〕があったが、もはや金での支払いは受けつけなかったのだ。トヴェルティンはシブプシナ協同組合に勤めていて毛皮を売っていた。かれと上役のバタロフは、トムスクにあるトルグシンに金を持っていったが、イリナにはなにもくれなかった。トムスクのトルグシンは金の出所を詮索しなかった。イリナの話では、金を持ちこめば古着や、マカロニなどのいろんな食品が買えるとのことだった。かのじょは今トムスクで暮らしている。……

島の人びとは筏に乗るか、丸木につかまるかして島を逃げだしていた。ある日、死ぬほど腹を空かして立ち上がることもままならない人たちが、わたしたちの牛を襲おうとした。でもわたしたちに止められて逃げていった。そしてエルガンキナにやってきた。飢えていた。村の人たちはパンを少し分けてあげるべきだと思った。飢えた人たちのなかに女性がいたので、わたしたちは気を許したのだ。そして監視兵にこう言った、「ほっておいて。何か食べさせるから」。家に連れてきてパンと牛乳をあたえた。監視兵は「食べさせるのはいい、だが逃がさないでくれ」と言っていた。それでかれらにパンと凝乳とミルクをやってから番所に連れもどした。その後どうなったのか見当がつかない。銃殺されたか、逃げたか、それとも島に連れもどされたのか。

ああ、なんてむごいことだろう！　もちろんこの人びとが何者かは知らなかった。見知らぬ人たちだから、わたしたちにしてみれば怖かった。それでも監視兵に追われている人たちをわたしたちは2、3日匿《かくま》った。わたしたちは獣ではなかった。牛乳を飲ませ、食べものをあたえた。だがそのあとで銃殺されたのだ。

夏のおわり、寒くなる前に、生き残った人たちは大きな川船に乗せられた。満員の船はナジナ川を下った。ほとんど全員が死んだ。他の生き残りたちはどこかに連れていかれた。船でナジナ川を離れたのだ。かれらはゼムリアンキ〔1930年代に五ヵ年計画の工事現場と「新しい町」で広く普及した原始的な居住形態。地面に穴を掘り、床は板か他の建材、屋根は木の枝〕を掘っていた。ゼムリアンキがどんなものか、だれでも知っている。あとになって本物の木造家屋、それにクラブハウスが建てられ、川に橋がかけられた。これはコンドラッティ神父から聞いた話。それから人びとの解放がはじまった。かれらがどこに行ったのかは神のみぞ知る。……だれがまだ生きているか、わたしは知らない。

この証言はナジノと近くの村々で集められた他の十数人の証言(3)で補足確認され、60年近く無視されてきた重要でとりわけ悲劇的な事件を明らかにした。それは、モスクワとレニングラードから「階級脱落分子と社会的有害分子」数千人が連れていかれ、シベリアのトムスクの北900キロのオビ川とナジナ川の合流地点に近い小さなナジノ島に遺棄された事件である。1990年代のはじめ、ノヴォシビルスクとトムスク地方の公文書とナジノの悲劇にかんする書類のいくつかが公開され、地元民に「死の島」（Ostrov-Smert'）とも「共食いの島」（Ostrov lioudoedov）とも呼ばれるナジノ島で何が起こったのか、さらにくわしくわかるようになった。2002年、ついに決定的な一歩が踏みだされた。それは西シベリア共産党地方委員会が委任した調査委員会の文書の公開である。(4) この調査委員会の目的は「ナリム地方党委員会教育・宣伝担当同志ヴェリチコがオビ川のナジノ島で生じた状況について同志スターリンに送った情報の信憑性を確かめる」ことだった。党地方支部のこの無名の下級幹部が自分の意思で、数千名の強制移住者が死んだ状況をみずから調査すると決心しなかったならば、そしてスターリンにみずから手紙を書く勇気をもたなかったならば、この事件の真相を究明する委員会は存在しえなかっただろう。

この委員会文書のおかげで、「強制移住・遺棄」にいたったしくみの詳細を再構成でき、1930年はじめに急遽設置された「特別移住」制度が地方レベルでどう機能したかがよく理解できるようになった。スターリン政権は3年来、「階級としての富農撲滅」の目的で強制大量移住政策を実施していたが、この事件はそのなかでどう位置づけられていたのだろうか？ なぜ、そしてどのように、もっとも近い都市、あるいはいちばん近い鉄道から900キロも離れ、往来もままならないほど孤立した地方に、モスクワとレニングラードで一斉逮捕した「階級脱落分子・社会的有害分子」を移送したのだろうか？ この「分子」とは何者だったのか？ ナジノの悲劇は「計画された」のか、それとも、「特別移住者と労働入植者」を巻きこんで「第二グラーグ」と称された抑圧制度の、それぞれの段階でまったく協調が欠けていたために発生した大混乱の結果だったのだろうか？ この事件は「強制移住・遺棄」の極端な例、一過性の発作に似た唯一のできごとだったのか？

シブラーグ〔グラーグ西シベリア支局〕の特別移住部長イヴァン・ドルギフにとってみれば、「階級脱落分子」、すなわち正真正銘の「人間の屑が人肉食に走った」行為は単に極端であるにすぎなかった。「1930年にわれわれはタイガ〔シベリアの針葉樹林帯〕のど真ん中、雪でおおわれた未踏の地に5000人の富農を野ざらしのままで移住させた」とドルギフは調査委員会に説明した。「それで、どんな政治的問題も起きなかった（原文通り）」のは、この一隊はただちに掘っ立て小屋の建設にとりかかり、生き延びる力を発揮したからだ」[5]。「富農」移送の最高責任者が「割り当て移住者」の管理をどう考えていたかを雄弁に物語っている。この移住者たちは自分たちの創意工夫と苦難に打ち勝つ能力だけを頼りに生き延びねばならなかったのだ。

本書では、ミクロヒストリーの視点で事件を再構成するが、ナジノ島事件の特殊性は、実は、一連の状況がまことに特別だったことだ。すなわちシベリアとカザフスタンの広大な未踏の地に「特別移住者」を入植させるという、ソ連政治警察のユートピア的計画にもとづく大社会改造運動の初期に、「特別移住者」の尋常ならざる大集団が移送されたということだ。この計画はあまりに壮大すぎて、特別移住局のあらゆる段階の責任者は不意打ちを食らい、それまでに数年かけてつくりあげた「富農撲滅を管理する」制度がまったく機能しないことを白日のもとに晒したのだ。「壮大」という形容詞は、計画発案者のOGPU長官ゲンリフ・ヤゴダ*がみずから使ったものだ[6]。とどのつまり、1933年のはじめに念入りに立てられた「壮大な計画」は、ごく部分的にしか実施されなかった。開始から数カ月経つと、この抑圧装置は移住者割り当てを「消化」できなくなり、中央部門と地方部門の協力は失敗続きで、大規模移送は少なくとも数年間中止されることになった。悲劇的な皮肉というべきか、数カ月前に政治警察長官のヤゴダがスターリンのために練った「壮大な移住計画」をスターリン自身が棚上げにしたその数日後に、ナジノ事件は起きたのである。

その極端な残酷さ（移住者の3分の2が飢餓、消耗、病気のせいで島に遺棄されてから数週間で死んだ）、そして人びとを人肉食と死肉食の罪に導いたような残酷さを特徴としたナジノ事件が明らかにしたものは何か。それは、ソ連の一地方を支配した暴力と堕落の環境がいかに特異で黙示録的だったかという現実だ。すなわちこの地方は、1930年代初期に大量移住と住民の大量追放によって根底から揺るがされ、慢性的な食糧不足、というより飢饉に悩まされ、農村部では強盗団が横行し、都市部では犯罪が猖獗《しょうけつ》をきわめていたのだ。そのなかでも、西シベリア、すなわちソビエト極東の辺境は特筆されるべきだ。そこは建設途上の社会主義社会から放逐《ほうちく》され強制的に移住させられた人びとを監禁する場所だった。同時に国境地帯でありゴミ捨て場だった。

＊　ゲンリフ・ヤゴダ（１８９１－１９３８）　自称では14歳から革命運動に参加、16か17歳でボリシェビキに加盟、１９１７年十月革命後、チェカ（本書「関係政府機関の名称」を参照）に入り、１９２３年にはチェカ長官ジェルジンスキーの側近にまで昇進した。ジェルジンスキーが全国最高経済会議議長になるや、その後を継いだメンジンスキーが病弱なため、実質次席としてＯＧＰＵを采配するまでになった。

１９３２年から１９３４年、名実ともに政治警察の最高責任者として強制収容所を制度化し、収容者の奴隷労働をソビエト経済に組みこんだ。たとえば白海－バルト海運河（ベロモル・カナル）を短時日で多数の人命を犠牲にして建設（１９３１－33年）。富農撲滅作戦、強制移住、農業集団化を管轄。１９３４年に中央委員。

１９３６年９月、スターリンはヤゴダを無能と断じてＮＫＶＤ長官を罷免、エジョフ（１７１ページ訳注、参照）に替え、エジョフがその後の１９３６－38年のモスクワ粛清裁判を組織。ヤゴダ自身は１９３７年３月にスターリンの命令で逮捕され、エジョフはヤゴダの逮捕理由をダイアモンド密輸、汚職、ドイツ・スパイ、私財蓄積、作家ゴーリキーの暗殺と発表した。

１９３８年３月の「反ソ右翼トロツキスト・ブロック」裁判（ブハーリンをふくむ21人の被告の第三次公開裁判）でスパイ罪を除くすべての罪を認めて死刑を宣告され、その法廷の場でスターリンに慈悲を乞うたが、即刻処刑された。同年には妻、妹、義弟が処刑された。１９８８年５月、同裁判の50周年にあたり被告20人の名誉回復がなされたが、ヤゴダは除かれた。２０１５年ロシア最高裁判所はあらためて、ヤゴダの名誉回復の訴えを却下した。（訳注）

第1章　「壮大な計画」

1933年2月、OGPU長官ゲンリフ・ヤゴダとグラーグ（矯正労働収容所管理総局）[1] 局長マトヴェイ・ベルマン*はスターリン宛に、西シベリアとカザフスタンへ「都市と農村の反ソ分子」200万人を強制移送する大計画案を提出した。この提案でヤゴダとベルマンはこう説明している。それまでの3年間に「富農《クラーク》」[2] 200万人以上を移送した経験を生かして、われわれは「建設中の社会主義社会を汚染するすべての分子」の移送をさらに大々的におこなう新しい段階に移行できる。1933年と34年に「反ソ分子」100万人を西シベリアに、おなじく100万人をカザフスタンに移住させる。この強制移住の大計画のために6つの分類を設ける。

* マトヴェイ・ベルマン（1898－1939）。1917年にボリシェビキに加盟、1918年、OGPUの前身チェカに入る。1930－37年OGPU、NKVDグラーグ局長。1938年12月逮捕、1939年3月、テロ・サボタージュ組織に属したかどで死刑判決、銃殺。1957年に名誉回復。（訳注）

1　現在までの数年間でまだ「矯正されていない」富農(3)
2　コルホーズに参加した者を含めて「国家の食糧回収やその他国家が定めた経済政治運動に協力しなかった」農民
3　「企業や職場に隠れている富農、農村から逃亡している富農」
4　「ソ連西部国境地域の浄化によって放逐された者」
5　「国内旅券携帯義務化との関連で都市を離れることを拒む都会分子」*
6　裁判所とOGPU特別司法権限によって5年以下の刑を宣告された者、ただし「社会的見地からとくに危険な分子」は除外する。

「労働入植者」（新しく貼られるレッテル）として強制移送されるこれらすべての「分子」は1930－31年に移送された「富農」（「特別移送者」のレッテル）とおなじ身分とする。すなわち市民権を剥奪し、「労働村」に居住させ、ソビエト極東の森林、鉱山、農業の資源開発をする巨大国家コンビナートに属する特定の経済機構でとくにきびしい労働に服させる。

ゲンリフ・ヤゴダが立てた計画によると、「労働村」の75％、すなわち150万人は農林作業に投入される。かれらは2年で「国家にかける負担をなくし、国家が移送者の移送定住に要した費用を回収できる商業生産を開始するはずである」。その他の50万人は漁業、手工業、鉱山部門で働き、「そのかたわら、食糧自足のために小規模の耕作をおこなう」

少なくとも100万ヘクタールの未開地を開墾するための移送・入植を成功させるには、1村あたり2000人の「分子」、およそ500家族からなる労働村1000が建設される。各村は20人を住まわせる60平米の住居100からなる（移住者1人の住面積は3平方メートル）。1年目に各労働村に風呂、看護所、「シラミその他の寄生虫」を駆除する消毒施設、家畜小屋、機械置き場を設ける。2年目に学校、給食場、読書室、店などなど。OGPUとグラーグの担当幹部は労働村の建設のために、338万5000立方メートルの材木、1万288トンの鉄材と薄鉄板、6929トンの釘、2591平方メートルのガラス板、その他の資材が必要と見積もった。

この「労働村」（それまでの3年間に矯正された富農の移送者で構成される特別村とは名を異にするだけ）を監督する指揮官は、大幅な権限をもったチェキスト〔政治警察員〕である。3250人のチェキスト指揮官と助手が集められる他に、5700人の民警、1000人の技術者、500人の農業専門家、470人の医師と衛生係が募られる。労働村の行政・警察・経済管理は、活動全体を遂行するために特別に創設される労働村管轄総局の専管とする。

OGPU長官ヤゴダとグラーグ局長ベルマンの認識はつぎのとおりだった。「もっともむずかしい問題は、建材、農業機械、作業道具、移住者用食糧、それに鉄道または川船で到着する移送者集団を割り当て居住地と作業地まで護送することである。護送目的地はことごとく無人地帯にあり、輸送手段がない。護送のために必要と見積もられるのは、1日200キロの往復で3トンの貨物を運搬する

＊　旅券携帯義務については本書22－23ページ参照。

トラック2416台、10ヘクタールを耕作し、加えて木材を運搬する馬匹《ばひつ》9万頭、農作業、貨物、人員輸送に使用するトラクター1200台である」

ヤゴダとベルマンが提出した計画書を締めくくっているのは長い経費一覧表だった。それは半ダースばかりの省とその他の国家委員会に現金と現物の拠出をもとめていた。そのどれもが「1930-31年に実施された特別移住者移送・配置作戦の過程で得られた経験にもとづく絶対的最低限の経費であり、鉄道から数百キロ離れた未踏の地に無一物の200万人を移住させるという実に壮大な」この事業の必要経費は13億9400万ルーブルと見積もられていた。

おそらく抑圧制度のこのふたりの最高責任者は、提出した計画の要求額の膨大さと「目標の壮大さ」を意識していたのだろう。結論のおわりが太字でタイプされていることでもわかる。

本計画に要する資金、建材、家畜、輸送手段、食糧、飼料を以上列挙した。その規模は壮大であり、強制移住者の移送と移住に必要とされるものは何か、段取りをどうするかを綿密に検討するためには特別委員会の設立が不可欠である。(4)

この「壮大な計画」の意味、位置づけ、目標を理解するには、1933年はじめの状況を簡潔に説明する必要があるだろう。1932年の夏以来、情勢は全土で緊迫していた。急速な重工業化に必要な機械の輸入のための外貨を獲得すべく、大量の穀物と農産品の輸出を実現しなければならなかった。そのために党指導部は収穫の見通しがよくないにもかかわらず、前年より多くの供出計画をコルホーズと「個人農」に義務づけた。そのかんにウクライナ、北カフカス、ヴォルガ地方、西シベリア、カザフスタンからは「食糧難で孤立した家庭」についての報告が数多く寄せられていた。この括弧つきの表現は本格的な飢饉の到来を予告する劇的な現実を覆い隠す決まり文句だった。

1932年の農産物徴発作戦は7月に開始されたものの遅々として進まなかった。10月中旬になっても、ソ連のおもな穀物生産地方の強制的供出計画は15－20％しか達成されていなかった。農民たちはコルホーズ幹部としばしば共謀して、収穫の一部を国家徴発から隠したのだ。この「収穫の集団的窃盗」は、1932年8月に「社会財産の窃盗」を10年の強制収容所送りか死刑で罰する過酷な法律が定められたにもかかわらず頻発した。小麦は、地面に掘った穴や「暗い穀物置き場」〔秘密の穀物置き場をいう〕や、「細工を施した水車小屋」に隠され、サイロまで運搬される途中や穀物秤にかけられる瞬間に抜きとられた。スターリン指導部にとってとくに憂慮すべきは、ウクライナ、クバン、北カフカスのような大穀倉地帯で多くのコルホーズ指導者がコルホーズ員と共謀していることだった。ましてや一部の地方党職員と地方ソビエト職員が公然と反対してはばからないことなど、もっての外だった。こうした抵抗を粉砕するために、党最高機関である政治局は1932年10月、ウクライナにヴャチェスラフ・モロトフ、北カフカスにラザール・カガノヴィッチにそれぞれ率いられた「非常委員会」を急派した。都市からは数千名のOGPU職員と党「全権委員」が動員され、地方共産党機関の弱体化を補うべく農村に派遣された。1930年が明けて最初の数カ月におこなわれた「富農撲滅運動」の最悪の瞬間を想起させるような、極端な暴力の空気が農村をおおった。「穀物供出計画の妨害者」数十万人が逮捕された。抑圧規模はむちゃくちゃだった。1933年はじめに低ヴォルガ地方のある穀物産出地区で、1人の地方党職員がその状況を上部機関宛に書いたつぎの報告は、そのことを雄弁に物語っている。これは何百もの似たような報告のひとつにすぎない。

逮捕と捜索をおこなったのは地方ソビエト職員、あらゆる類の全権委員、突撃隊員、やる気のある共産少年団員と、誰彼なしに動員された。……元地区次席検事、同志ヴァシリエフの計算によると、昨年中に成人住民の15％がなんらかのかたちで抑圧された。これにつけ加えれば、先月中に約800人の耕作者がコルホーズから除名された。これで当地区の抑圧の激しさがどんなものか想像がつく。抑圧が正当化される事案を除いて、抑圧措置は一定の段階を超えるとその効果は減る一方であって、措置をとることがむずかしくなる。……昨日わたしは、2月はじめにコルホーズを除名され、その月末には復帰したという多くのコルホーズ員に会った。コルホーズ除名は今やなんの効果もない。刑の宣告についてもほぼ同様だ。地区で2月に4000人以上が刑を宣告された。どこの監獄も満員だ。バラチェヴォ監獄には定員の5倍、エラン監獄には610人が収容されている。先月中にバラチェヴォ監獄はエラン監獄に78人の有罪判決をうけた者をもどしたが、そのうち48人は10歳未満だった。21人が即座に釈放された。法廷は120人を穀物供出運動怠業の罪で2年以上の刑に処しておきながら、監獄に収容しきれないとして釈放し家に帰すのが知れわたっているとすれば、超抑圧的な法律と判事たちは、住民にたいしてどんな威力を発揮できるのか？……この方法で埒があかない以上、ここで用いられている唯一の方法とは暴力によるものである。なお個人農*については、種まきと耕作をさせないようにあらゆる手段がとられている。……

「個人農はソビエト権力の敵だ。だから何をやってもよいのだ」。これが地方党職員の意見である。つぎの例は個人農がどれほど恐怖にかられていたかをしめしている。モルツィではある個人農は、自分に課せられたノルマを１００％達成しているのに、地区執行委員会委員長同志フォミチェフに会って強制移住処分にしてくれと頼んだ。理由は、いずれにしても「こんな条件では暮らしていけない」からとのことだ。おなじように典型的な例はアレクサンドルで農村ソビエトの個人農16人によって出された陳情書だ。なんと、この農民たちは自分たちのいる地方の外へ強制移住させてほしいと訴えていた！　協同作業は存在しなかった。唯一の協同作業の形態といえば「突撃」だった。種子、家畜飼育、貸付を「突撃して獲得する」、労働に「突撃する」。何から何まで「突撃」だった。特別作業隊の数を数えるまでもなかった。特別作業隊は一般に地区責任者、農村ソビエト委員、隊員それぞれ１人、それにコルホーズ員２、３人から構成されていた。夜の９時、10時に「突撃」態勢をとり、それはつぎのようにおこなわれる。イズバ（校倉《あぜくら》造りの小屋）に陣取った特別作業隊は義務や計画を満たさなかった人びとを順に呼びだし、「いろんな方法で」それを果たすよう「説得する」。夜を徹して名簿に載っている全員を説得するのだ。コルホーズ員は皆このやり方に慣れていて「特別作業隊」なしにはなにもしないほどだった。(5)

＊　コルホーズに加入していない農民を指す。１９３３年はじめに「個人農」は地域によっては農民の５％から15％を占めていた。

この「突撃」のおかげで、1933年のはじめに収穫計画は全体として達成されたとはいえ、どれほどの代償を払ったことか！ 最高の徴収を課せられた生産地のコルホーズは次期の収穫を確保し、緊急時に飢えたコルホーズ員を助けるためにとっておかれた最後の予備である「備蓄した種子」を供出しなければ計画は達せられなかった。欠乏は1933年はじめには飢饉となって、ウクライナ、北カフカス、ヴォルガ沿岸地方の大部分に広がった。

この状況下で1933年1月7日から12日にかけて、党幹部を集める年次大集会である中央委員会幹部会が開かれた。おもな議事日程として、第一次五カ年計画の決算と将来展望が上程されていた。農業部門の憂慮すべき情勢と工業投資の「過熱」にもかかわらず、ウクライナ共産党指導者――なかにはモスクワの圧力にそれまで抗していた者もいたが――をふくむ全政治責任者は、「社会主義の勝利」と「4年3カ月で達成された第一次五カ年計画の壮大な成功」を称賛した。スターリンは演説で新「理論」を展開していた。これはつぎのような簡単な考え方に要約できる。すなわち、社会主義の勝利と搾取階級の抹殺によっても反対派は消滅しない、反対派は別のかたちをとる、というものだ。敗北した社会主義の敵はもはや公然とは行動しない。仮面をかぶって正体を変えた反対派は、まったく予期せぬ、とても見分けられないかたちで悪辣な「地下転覆戦」を挑む。ある者はコルホーズの内部で転覆活動をし、ある者は大挙してコルホーズを離れ、集団化農業の信用を失墜させるデマを振りまこうとする。またある者はサボタージュ行為をおこなうべく工場や作業場に潜りこむ。弱体化された「搾取階級のカス」は「階級脱落分子」、犯罪者、その他社会の外れ者と手を組もうとするだろう。今後は犯罪と逸脱は社会主義建設の主要な脅威となる。(6)

まさにこの幹事会のさなか、飢餓に襲われた地域の農民の流出が増幅した。OGPUの地方責任者にとって、この流出が「反革命組織が故意に組織した」ものであることは明らかだった。ウクライナOGPUのフセヴォロド・バリツキーはヤゴダに書いている、「わが機関は農民の脱出を周到に煽動した500人の使嗾《しそう》者を1週間のうちに逮捕した」。(7) 1月22日、スターリンは中央委員会と政府の名前で、ウクライナと北カフカスから「パンを探しにいく口実で」逃げ出す農民の大量脱出をおわらせる秘密指令を出し、こう書いた。「党中央委員会と人民委員会議〔政府〕は、ウクライナからの農民の脱出がソビエト権力の敵、社会革命党員、ポーランドのスパイによって組織されている証拠を握っている。宣伝目的でウクライナの北のソ連地方へ逃げる農民を媒介にし、とくにコルホーズ制度の、そして一般的にはソビエト制度の信用を失墜させるためだ」。(8) おなじ日ゲンリフ・ヤゴダはOGPU地方指導者に回状を送り、とくに鉄道駅と交通道路に巡察隊を配置してウクライナと北カフカスからの逃亡者を阻止せよと命じた。阻止した農民はまず「篩《ふるい》にかけて」から、「富農《クラーク》と反革命分子」、「根拠のない食糧難について反革命的噂を振りまく」者、そして帰宅を拒むすべての者を逮捕し、「労働村」に（または「そのなかでもっとも手に負えない者」は収容所に）送る。他の逃亡者は「自宅にもどす」――すなわち、飢餓に見舞われた村で死ぬに任され、なんの食糧支援もあたえられない。(9)

翌日の1月23日からさっそく、飢えた人びとの逃亡（および当局が否定する飢饉についてのニュースの伝播）を阻止する措置は、農民への鉄道切符の販売禁止命令で補強された。(10) 1月最後の週にはおよそ2万5000人の逃亡者が逮捕された。作戦開始2カ月後に作成された総括では、22万5000人の逮捕者が挙げられた。阻止された農民の大多数が「自宅に帰された」とすれば、数万人が臨時の

「篩分け所」にとどめおかれ、「労働隊」として移送されるのを待った。[11]他に「収穫活動サボタージュ」で1932年おわりから逮捕されていた数万人の農民（と多くの地方小役人）が強制移住を待っていた。[12]

おなじころ（1933年1−2月）、西ウクライナからベラルーシ、フィンランド・ソ連国境のカレリア地方にいたる西部国境地方で、大がかりな警察作戦が発動された。1930年春の農民大反乱以降、ポーランドに接する西ウクライナの西部国境は「ポーランドに雇われたペトリュラ匪賊《ひぞく》*の巣窟」とみなされていたのだ。スターリンの頭は、右の1933年1月22日付の指令がよくしめしているように、「ポーランドなる敵」にまつわる執念で凝り固まっていた。OGPUは数週間で、西ウクライナの国境地域で約9500人を逮捕した。その多くは「富農」と分類され、「ポーランドとペトリュラ一味の反乱組織」[13]に所属していると糾弾された。似たような作戦行動がベラルーシ国境地域でも展開され、3500人が逮捕された。最後に、ほとんど農民からなる2000人が「フィンランド参謀本部が配置した蜂起細胞」に属しているとして逮捕された。[14]OGPU長官ヤゴダにとって、1933年はじめに発動した作戦は、西部国境地域の大規模な「浄化」の第一段階にすぎないことは明白だった。そのことは「ソ連西部国境浄化の枠内で追放された農民」を、1933年2月の壮大な強制移住計画で使う6分類の1つとして入れたことを説明している。

これらの抑圧行動は一時期に集中した。そのため、とくに農産物収穫作戦が呵責なく遂行されたウクライナ、北カフカス、ヴォルガ流域、黒土地帯の監獄はすし詰め状態になった。強制移住農民用の労働収容所と「特別村」の設置以来、[15] 最大収容人数18万人のこれらの監獄は、基本的規則としては、短期刑（3年以下）の囚人と未決の逮捕者を収容した。1932年夏以降、収穫行動に関連して大量逮捕者が出たせいで、1933年春には収監者数は指数関数的増加をしめして80万人に達した。1933年2月に司法人民委員〔司法相〕ニコライ・クルイレンコは、監獄の「すし詰めを解消」して数十万の収監者を「労働村」に収容するよう提案した。1933年3月初旬、党政治局はこの提案を承認する。[16] すし詰め状態を優先的に解消されるべき監獄はウクライナ、北カフカス、黒土地帯中央地方、ヴォルガ下流地域の監獄とされた。これらでは収容者の集中があまりにひどく、いつ何時公共秩序を乱す重大な事態が起きてもおかしくなかった。監獄は溢れかえり、看守は人手不足で監視が行き届かないうえに、囚人の受けとる給食はわずかだった。そのかん、飢饉は農村と都会で跳梁《ちょうりょう》しつづけた。上記の刑に処された5万7000人の収容者は、2カ月内に労働収容所に移送されねばならなかった。それ以下の刑期の収容者8万3000人は、以前に移送された富農の同類とみなして「労働村」に強制移住させる。[17]

ところが本当のところこの一連の移送は、1933年を通じて爆発的に拡大する移送過程の全体からみれば、最初の一歩にすぎなかった。もちろん監獄の定員過剰「解消」政策は、1933年1月から実施された旅券規則違反の都市住民を逮捕したことで溢れた大都市の拘留施設にも適用された。こ

＊ 反ボリシェビキ・ウクライナ民族運動の指導者シモン・ペトリュラ（1879-1926）に率いられたパルチザンで、1918-21年の内戦で活動した。ペトリュラはパリに亡命し、1926年5月に同地でOGPUに暗殺された。

の政策の枠内で数十万人の「好ましからざる分子」が都市から追放され、その大部分は「労働村」に移送されたのである。

都市住民への「旅券発給」は、官僚的・警察的な行動として類例のないものだった。1年と少しで2700万人の都市住民に旅券をあたえるのだ。旅券は、それまでに当局から発給されたあらゆる種類の身分証明書にとって代わるものであり、いくつかの目的があった。

第一は農村の強制集団化が引き起こした大量移民を制御し、膨大な農民脱出を制限することだった。「二度目の農奴制」を逃れて都市に流入する数百万の農民[18]の奔流は、1929年から念入りにつくられた都市人口の配給制度全体を危機にさらした。都市の「配給有資格者」の数は1930年のはじめの2600万人から1932年末には4000万人に増えていた。

第二の目的は、それまで標準化された身分証明書が存在していなかった社会で、個人の「社会的身分を厳密に定める」ことにあった。帝政時代の国内旅券制度は1917年の革命後、帝政最悪の遺物のひとつとして廃止されていた。ソビエト国民が身分を証明するには、出生証明書、居住地のソビエト発行の身分証明書、職業証明書か労組員証明書か党員証明書、居住住宅協同組合発行の居住証明書、あるいは行政機関発行の公的書類*のどれかを選択できた。

第三の目的は「モスクワ、レニングラードその他の都市部から生産と行政職務に携わらないよけいな分子と富農、犯罪者、反社会的かつ社会的に危険な分子[19]」を浄化することだった。この措置は黒海のソチやトゥアプセ、カフカスの温泉地（ミネラルニエ・ヴォディ、キスロヴォドスク）など、党特権階級（ノメンクラトゥーラ）の特別保養地にも適用された。[20]

ゲンリフ・ヤゴダはこう強調している、「旅券は犯罪者と社会的に有害な分子にたいする社会的防御の第一線である」。[21] 都市、なかでも権力の戦略中枢モスクワとレニングラードから「寄生虫」「階級脱落分子」「社会的危険分子」とも称された「社会的有害分子」を一掃し「浄化」するという考え方は、政治的経済的緊張が比較的緩和された新経済政策（ネップ）時代をふくめて、ボリシェビキの演説や実践においてしばしば登場したものだった。

ボリシェビキの文化では、「社会的危険性」という概念は何を表わしていたのだろうか。この表現が明確に使われはじめたのは1924年からだ。その年の3月24日、ソビエト国家最高機関であるソ連中央執行委員会は秘密決議をおこない、OGPUの特別会議に対し、あらゆる「社会的に危険な」個人を流刑にしたり、外国に追放したり、最長3年間収容所に放りこんだりする特別例外権限をあたえた。この定義に当てはまる者はつぎのとおりだった。「国家犯罪」（「反革命活動」、匪賊行為、贋金造り）の有罪者と容疑者、「博打打」「あくどい商人」、売春婦のヒモ、麻薬密売人、「根っからの投機者」、「定職をもたず生産労働に就いていない」個人、「過去の行為によって社会的に危険な、つまり財産と人身にたいする犯罪にかかわって2度以上有罪とされた者、あるいはその嫌疑をかけられて少なくとも4度不審尋問をうけた者」である。[22] この決定の文章はいくつかの点で特筆すべきものだった。「社

＊　これは1930年代はじめまで住民にたいして行使されていた政府による支配を意味している。

会的危険性」の定義ははなはだ柔軟で、ボリシェビキ政権発足時から実行され、よく知られていた「政治犯罪」と「ふつう犯罪」の混同以上のものだった。「犯罪世界につながり」、「矯《た》めがたき」「累犯者」の過去と現在の歴史に「社会的危険性」は刻みこまれているとする決定論的見方は、一部の司法、教育関係者のあいだで流行った「労働による犯罪者の救済」というユートピア的な取り組みの見方とは大違いだった。

この決定の実施は1920年代のおわりまで比較的制限されていた。制限がとれるのは、1930年代に実施される抑圧の段階になってからだ。そのかんOGPUは1924年夏から、警察の一斉検挙でモスクワとレニングラードから追放された約4500人の「社会的危険分子」にたいして新しい特権を行使する。

その2年後の1926年5月、フェリクス・ジェルジンスキーは補佐のゲンリフ・ヤゴダにつぎの野心的な首都浄化案を送った。

寄生分子をモスクワから一掃する必要がある。……この問題に関連してわたしはパウケル*に、モスクワ住民の登録カード作成に利用できるあらゆる資料を集めるよう求めた。今のところかれからはなにも届いていない。財産没収資金で設けられた基金を使って、OGPUに特別移住局を創設すべきだとは思わないか？　都市の寄生分子、社会的危険分子をその家族とともに政府があらかじめ決めた計画にしたがって荒蕪地に移住させるべきである。なんとしてでも都市に巣食ってわれわれを貪り食う寄生分子を一掃しなければならない。……OGPUは真正面から全力をあげてこの問題に取り組まねばならない。[23]

都市から「社会的危険分子」（乞食、浮浪者、浮浪児、軽犯罪者、「投機者」、密売人、累犯者）を一掃する類似の計画は、地方都市で実施されていた（1926年レニングラード、1927年オデッサ、ハリコフ、1928－29年シベリアの主要都市ノヴォシビルスク、トムスク、オムスク）[24]。

だが1920年代おわりまでは、OGPU特別法廷で宣告された追放や流刑に服す「社会的危険分子」の数は、全国水準でみればかなり控えめだった。1927年に1万1000人、1929年に2万8000人である。そのうち「政治囚」はわずかで、流刑者の20％から25％、大多数はふつう犯罪者だった[25]。

実際には「社会的危険分子」の追放と流刑は、解決が追いつかないほど多くの問題をつくりだしていた。内務人民委員部〔内務省〕のある職員は1927年に書いている。

現状では、「社会的危険分子」の追放はその目的を達するどころか公共秩序を損なうことが明らかである。唯一の結果はかれらをある地方から他の地方に移し替えたことだけだった。……追放地では社会的危険分子はたいてい仕事がみつからないので、すぐに犯罪活動か怪しい活動にもどり、地元の犯罪者の群れに身を投じてその勢力を増し、その地域一帯を変える。そこではソビエト権力

＊　カルル・パウケル。ジェルジンスキーの側近の1人〔1924年にはスターリンの護衛であったが、知りすぎたとして1937年銃殺〕。

は公共秩序を維持しきれなくなっている。(26)

しかし1932年のおわりになると、当局がそこで直面したのは、集団化を逃れ都市に流入する数百万にのぼる農民の無秩序な大軍だった。そこで、1926年にフェリクス・ジェルジンスキーが構想した野心的「モスクワ浄化」計画をとうとう実行に移すことが決定された。個人の身元調査計画はより包括的かつ組織的になり、望ましからざる分子の追い出しや、場合によっては「特別村」への追放をともなうものとなった。

1932年12月28日、党機関紙『プラウダ』は、前日政治局が承認した国内旅券制度施行の法令を発表した。今後は都市、あるいは労働者集団住宅に居住する者や、交通機関や戦略的とみなされるいくつかの大型建設現場で働く16歳以上のソビエト市民は旅券の携行を義務づけられることになった。当人はこの旅券をもって、正式登録のために住まいの最寄りの警察に出頭しなければならない。この住民登録（propiska）がなければ、旅券には効力がない。こうして本人の身元と住所の二重の照合が制度化された。「旅券制度実施」作戦はモスクワ、レニングラード、ハリコフ、キエフ、オデッサ、ミンスク、ロストフ・ナドン（ドン川流域）、ヴラジカフカス、マグニトゴルスク、ウラジオストクが皮切りとなった。(27)「特別管轄」指定をうけたこれらの都市では、企業で雇用されている住民からはじめて、「非組織〔ママ〕住民」で終える手はずになっていた。非組織住民とは就業場所と強いつながりがないか、まったくなくて当局が頭からいかがわしいと決めつけていた住民を意味した。

秘密指令では、「特別管轄」都市に住む個人で旅券交付を拒否すべき者をあいまいに7つに分類して定義していた。

1 生産に従事せずあるいは組織で働かず、社会的に有益ななんらかのかたちでの労働にも携わっていない個人（年金生活者と身体障害者を除く）。
2 強制移住地から逃げ出した富農または「脱落富農」。企業またはソビエト機関で働く者をふくむ。
3 企業またはソビエト機関の正式招請なしに1931年1月1日以降に農村あるいは他の都市からやってきて、現在職がないか、仕事があっても明らかに怠け者か、過去に生産を攪乱して解雇された者。
4 市民権を剥奪された者（リシェンツィ）[28]。
5 自由の剥奪あるいは追放の刑の受刑者と、暗黒街と関係をもつすべての反社会的分子。
6 政治亡命者を除く外国籍亡命者。
7 上記に指定された個人の同居家族[29]。

旅券交付を拒否された者は全員10日以内に、市あるいはその近郊（モスクワとレニングラードについては「旅券制度実施」作戦は100キロ以内の市周辺部と農村部にも発動された）を離れなければならなかった。かれらは「特別管轄」指定のない都市への転居は認められた。住民の「旅券制度化」を実施するために、政府はOGPU直轄の新しい民警部局を創設した。1万2000人以上の補助警察員が雇われた。そして各企業、機関、警察駐在所に「旅券事務所」が設けられた。

旅券交付にさいして、好ましからざる者という分類の定義があいまいだったため、無数の職権乱用や不正行為があったようだ。(30)「旅券制度実施」作戦がはじまって2カ月（1933年3-4月）、モスクワで旅券を申請した7万人が給付を拒否され、モスクワを離れざるをえなかった。レニングラードではその数7万3000人*と記録されている。OGPUのある幹部はつぎのように記している。

「地下に潜ってモスクワとレニングラードを汚染している大量の階級脱落分子、社会的危険分子の問題」は明らかに未解決のままだった。「旅券制度実施」作戦が公表されると、かれらは旅券が交付されないと見込んで旅券事務所に現われず、倉庫や穴倉や地下室などに身を隠した。……旅券事務所の特別民警はかれらを一網打尽にすべく、地区担当刑事の監督下でアパートの門番、管理人が保管している名簿を調べ、季節労働者の仮宿舎や不審な人物の出入りする場所、不法宿泊所、穴倉、屋根裏部屋を巡回し、駅、市場、バザールその他、人だかりのする場所を一斉に手入れし、階級脱落分子、乞食、泥棒を根こそぎにした。(31)

民警総局長G・プロコフィエフによると、これらの作戦を遂行したおかげで、モスクワで旅券なしに暮らす8万5937人（レニングラードでは4万7776人）が逮捕され、1933年3月から7月のあいだに収容所または「特別労働村」に送られた。(32)

旅券を携行しなかったために逮捕された個人については、非常に迅速な行政手続きがとられた。地区監督官は48時間以内に逮捕者名簿を「法廷手続きを経ずに旅券制度化関連事件だけを扱う」専門の警察委員会に提出した。この委員会には、旅券法違反者を召喚しないまま、いくつかの刑に処せる権限があった。それらの刑とは即時追放（ただし30都市での滞在禁止）、「特別村」での軟禁のための強制移住、最長3年間の労働収容所送りだった。これらの刑は最終かつ即時執行だった。

実際には警察の一斉手入れで逮捕された人びとの多くは、この即決手続きさえ経ないで監獄に一時留置され、そのまま強制移送された。それが当てはまるのがレニングラード、モスクワで1933年のメーデーにおこなわれた「一掃」によって捕らえられた多くの人びとだった。かれらはトムスクへ送られ、シベリア「特別移住者」用としては最大の一時収容所に短期間いた後、ナジノ島へ送られたのである。

＊　これらの数字はモスクワ人口の約3・5%、レニングラード人口の約4%に当たる。

第2章　強制移住地、西シベリア

1933年2月7日、OGPU西シベリア全権代表・地方警察長官アレクセイエフはゲンリフ・ヤゴダから電報を受けとった。「本年冬から春にかけて」100万人の新たな強制移住をおこなうと予告するものだった。この移住者たちを「鉄道駅からできるだけ離れた」、つまり北部地域でとくに広大な森林と湿地でおおわれた35万平方キロメートルのナリム地方に移住させるよう指示していた。農業、林業、漁業で働かせ、2年以内に「国家は移住者への負担からまったく解放される」。モスクワは地方OGPU当局にたいし、この巨大作戦の具体的詳細にかんするつぎの情報を2日以内に提出するよう要求した。

1　各地区で移住者家族を入植させる適当な場所。
2　利用可能な土地とその特質。
3　農業、漁業、手工業品などの開発の可能性。

4　地方当局が先の見通しがないと見なすソフホーズ（ソビエト農場）が、移住者によって生産再開できそうであれば、その数について。
5　移住者入植のための必要品――現金、建築資材など。食糧、運搬手段、農機具、トラクター、種子、耕作に要する家畜の予算。
6　人と商品の円滑な輸送をどう組織するか。
7　冬に到着する移住第一波10万人の住居を既存の特定の村にみつける具体的提案。
8　緊急事態に対応するための人員（警察官、監視兵など）の必要性。
9　汽車で護送され下車した後の移住者集団の移送方法（水路または陸路）の提案。
10　保健要員と医薬品の実情と必要性。
11　地元での護送手段の必要性。(1)

これらの質問すべてがしめしていたのは、強制移住の「壮大な計画」がその時点の調子に乗った思いつき（na khodu）で立てられたことだった。このようなやり方は、当時の経済「計画立案」ではめずらしくなかった。2日後、このヤゴダの電報は西シベリア共産党本部でロベルト・エイへ*を議長とし、地方政治最高レベルの委員会で討議された。出席者はOGPU全権代表と、シブラーグ（収容所と特別村を管轄するグラーグ西シベリア支局）の最高責任者2人だったが、ヤゴダの移住案は断固として拒否された。「河川航行可能な季節がおわろうとしている時期に、100万人の移住者を移送すること、あるいは、冬季にそのうち10万人を移送することは絶対に不可能と考える」。地方としては、冬季に移住者2万8000人、1933年の1年をかけて25万から27万5000人を受け入れるのがせいぜいだった。委員会はモスクワに対し、少なくとも2万5000頭の馬を西シベリアに送ることと、移住者とともに最低3カ月分の食糧および「生活必需品、農機具と建築資材」が届けられるよう求めた。同時に提案されたのは、シブラーグ責任者アレクサンドル・ゴルシュコフをただちにモスクワに派遣し、当地方が100万人の受け入れを拒否する理由をくわしく説明することだった。(2)

シベリア当局によるこのシベリア向け大量移住者移送への反応には、前例があった。1929年夏に、1930年はじめに予定されていた脱落富農の最初の大規模移住に先立って、西シベリア党指導者はこう抗議していたのだ。

OGPUによる社会的危険分子の大集団の送りこみが頻繁になっている。われわれはすでに60000人の追放者と30000人の若い浮浪者に対する責任をかかえている。かれらはわが地方の平和な住民を恐怖に陥れているのだ。よって、われわれが事前に受け入れに同意していないのに送りこむことは、ただちに中止するよう強く求める。

＊ ロベルト・エイヘ（1890－1940） ラトビア出身。1905年ラトビア社会民主党入党。帝政下シベリアに流刑されたが、脱走。ソ連共産党中央委員を経て1934年に政治局員候補、1937年ソ連農業人民委員。スターリンの大粛清で、1938年にラトビア・ファシスト組織をつくったかどで逮捕、拷問され、虚偽の陰謀を自白して1940年に銃殺。1956年、フルシチョフは20回党大会でスターリン批判の秘密演説中、スターリン独裁の犠牲者となった党幹部の例としてエイヘにかなりの言葉を割いている。（訳注）

同様に1930年2月にロベルト・エイヘは、スターリン主義者であるにもかかわらず、モスクワが西シベリアに移住させようと計画した富農脱落者の人数を「減らす（ウクライナと黒土地帯からの3万家族を1万5000家族に）交渉」を試み、失敗していた。(3)

地方当局が恐れたのは、管轄下の地方が「ゴミ捨て場」に変えられて由々しい危険にさらされつつあり、自然資源を開発するはずの労働力の期待利益が、膨大な無法者を監視する大きな問題にくらべてまことに微々たるものだということだった。

1933年2月10日、ロベルト・エイヘはスターリン本人に宛てて、OGPU指導部から提案された計画が「まったく非現実的」で「北部の現実をなにもわかっていない同志が思いついた」ものと思われるとして、その理由を説明した。エイヘが強調したのは、冬季に10万人の強制移住者の最初の集団を移住地に移送し、しかも、夏まで生きながらえるのに要する最低の食糧とともに護送しようとすれば、それだけでナリム地方の馬の合計より多い3万から3万5000頭を要することだった。このような動員は、将来、地方の農業生産計画を取り返しのつかないほどに損なうことは必定であるとした。(4)

この問題を提起することによって、エイヘは最高地方党幹部として重要な主張をしているのだ。このころ、ソ連の二大穀物生産地であるウクライナと北カフカスは深刻な情勢に直面していた。その影響で、国家に大量の供出をしている地方のひとつである西シベリアは、とくに戦略的な意味をもつにいたっていた。しかし1933年2月はじめになっても、西シベリアに割り当てられた前年末までの穀物供出義務は未達成だった。西シベリア地方党指導部はこの最終期限を3月末に延期するようモスクワに要請した。エイヘと地方共産党指導部にとって新たな強制移住者の流入は、社会主義の脆弱な東部前哨地ですでに不安定になっている情勢をさらに混乱させるだけのものだった。

過去2年間、実は西シベリアは4つの大問題に直面していた。1 企業精神旺盛な農民がはるか以前に入植していたこの辺境地方で、格別面倒な富農撲滅運動がおこなわれた結果、深刻な食糧不足と、あちこちで飢饉さえも発生していた。2 過去3年間でカザフスタン人口の3分の1を死に追いやった大飢饉を逃れたカザフスタン人の大量流入が、民族的緊張を高めていた。3「社会的無秩序」と「極東」地域の無法状態が先鋭化しており、治安部隊の手にあまる状態だった。4 くわしくは後述するが、当局にとって最大の難題は、1930年から31年にかけて富農を脱落させられた農民を中心におよそ30万人の特別移住者を管理することだった。

西シベリア、それもとくに孤絶した荒蕪のナリム地方は、ウラル地方を除いて他のソ連地方のどこよりも多くの特別移住者を受け入れてきた。[5] シブラーグ(グラーグ西シベリア支局)の労働収容所の収容者(1933年に約5万人)と、過去2年間に指定居住地を逃げ出したおよそ15万人の特別移住者を考慮すると、西シベリアにいる無法者の割合は全地方人口にくらべてとてつもなく多かった。200万平米を超える限りなく広大な地域に600万人が散らばって住んでいたのだ。そこに無法者50万人以上が加わった。この緊急条件下でさらに100万人の移住割り当てがくることは、エイヘのような完璧なスターリン主義者にとってさえ事実上不可能な課題のようだった。エイヘの名前は、もしフルシチョフが第20回党大会の秘密報告で縷々述べなかったならば、「人民の敵」として逮捕され拷問され葬られた1937–38年のあの多くの粛清犠牲者の名前とおなじく忘れ去られたにちがいない(6)。エイヘは、1890年にバルト海沿岸の土地貴族の大荘園で働く農業労働者の子として生まれ、ボリシェビキ第一世代の典型的な人物だった。鍛冶屋の見習いだった16歳にして小さな社会民主党の集団に加盟し、逮捕され、イギリスとオランダに逃亡せざるをえなかったにもかかわらず、ラトビア社会民主党で昇進の階段を駆けあがった。というのも、ラトビア社会民主党はポーランド社会民主党とおなじように、ボリシェビキに政治・警察要員を供給する苗床だったためだ。1919年5月、ラトビアで短命のボリシェビキ政権が倒れると、エイヘはウラル地方、ついでシベリアに「食糧人民委員」として派遣され、穀物調達戦線でたいへんな革命的エネルギーを発揮した。1924年には、シベリア革命委員会委員長に任命される。この組織は、いまだ中央政府の管轄がゆきとどかない地方で通常の党組織に代わるものだった。このネップ（新経済政策）時代にエイヘに課せられた課題のひとつは、「ネップマン」*と富農に牛耳られていたシベリアの農産物販売網を破壊することだった。それは1928年はじめから、共産党政権にとって特別な重要性のある任務だった。豊作だったにもかかわらず、非常な安値で農作物を買いつける国家機関に、農民は不満を募らせていた。都市への食糧供給が脅かされ、第一次五カ年計画を発足させるのに不可欠な工業製品の買いつけ代金となるはずの穀物輸出は危うくなっていた。スターリンは自分が「農民ストライキ」と呼ぶものをつぶすために、例外的に、みずから西シベリアを旅してまわった。それとの関連でエイヘは「戦時共産主義」時代のやり方を踏襲する措置をとるため、先頭に立って地方党機関を動員した。市場を閉鎖し、「投機者」を大量逮捕し、容赦なく徴発没収したのだ。ネップがほんとうにおわったのは1928年2月、西シベリアにおいてである。エイヘはこのときに発揮した精力的な役割によって、翌年には党地方組織の頂点に昇進し、それによって正式に、シベリアでの強制集団化と富農排除の最高責任者になった。富農排除が大規模だったのは、シベリアには他のソビエト地方より富農が多く、地元農民のあいだで並みはずれて精力的な集団を形づくっていたからだ[7]。

つづいて起こる農業危機は、一夜にして土地を奪われた数十万のシベリア農民家族がこうむった大規模な抑圧と関連していた。農民家族の6割は、南シベリアとアルタイの豊饒《ほうじょう》な農村地帯からナリム地方に強制移住させられた。さらに一般化すれば、この危機は「国家調達」の名目で課せられた賦課金による全生産方式の崩壊が深刻化したことと、2年にわたる旱魃《かんばつ》の結果だった。

公式統計によると、シベリアの家畜は3年で3分の2が減少し、穀物収穫量は45%減少した[8]。ところがこのおなじ時期に、調達計画は30%増えている。1931年春以降、党地方指導部にOGPUが送った秘密報告書はどれもが「食糧難をかかえる孤立した区域」の存在を認めていた[9]。1931年の調達計画は非常に野心的で、140万立方トン以上の穀物、45万立方トンの肉を目標としていたが、家畜の大量屠殺と翌年の収穫に備えた種子の没収の代価を払ったあげく、数カ月遅れてやっと達成された。西シベリア南部のおよそ40の農業地域で1931年に生じた食糧難は、1932年の春にはところによって本物の飢饉に発展した。

＊　ネップマンとは、私的経済が一部分承認されたおかげで「金持ちになった」人びとを指すボリシェビキ政権のつけた名称で、卸商、企業家、産業家、あらゆる仲介人などのこと。

シベリア農民がこの数年をとおしてうけた恐るべき試練については、多くの文書資料があるが、ここでは1932年3月22日にベレゾフスキー地区共産党幹部3人がスターリン宛に書いた手紙を引用するにとどめる。かれらは手紙を送る動機を、「われわれの地区が遠隔地にあるため中央委員会はおそらく何が起こっているか気づいていない」ためと説明している。

昨年11月以来、2000以上の家族、つまりわが農業地域の人口の4分の1が、なにもかも売り払い、確実な餓死を避けようと逃亡した。鉄道は混雑し、切符の販売が禁止されたために、われわれは農民逃亡にブレーキをかけることができた。現在われわれの地区には飢えたコルホーズ員を食べさせる食糧備蓄はない。

つづいて手紙の筆者は統計の証拠を長々と列記し、播種《はしゅ》計画はまったく非現実的で、唯一の解決策は緊急食糧援助であり、そうすれば「コルホーズ員の信頼を回復し、ソビエト権力が真の人民権力であることを証明できる」と書いた。この手紙には医者と獣医の声明書の束が添付されており、それらは、農民が食べものとしてあたえられているのは腐敗した肉、食料代用品、野生の植物、塊茎であることを確認するものだった(10)。

ベレゾフスキー地区共産党幹部たちのこの行為は、後日それを知ったエイヘにきびしく罰せられただけで、シベリア農民にはなんの助けにもならなかった。1932年に西シベリアに課せられた強制食糧供出計画は、1931年計画を上回った。そして調達物資の多くは、ヨーロッパ・ロシアの大消費地用と輸出に割り当てられた。シベリアの都市は地元農民の供出からほとんど恩恵にあずからなかったのだ。1932年の4月と5月には、都市住民への食糧供給は激減し、いくつかの都市、なかでもノヴォシビルスク、トムスク、ケメロヴォ、バルナウルでは食糧難が発生した。(11)

これらの経済難にさらに加わったのは、カザフスタン辺境地帯を襲った飢餓から逃れようと数十万のカザフスタン人が西シベリアへ大挙流入し、深刻な民族間緊張が高まったことだった。1930年以来、カザフスタンはこの国の他の地方と同様に強制農業集団化と富農撲滅の騒乱に引きずりこまれ、さらに、膨大な遊牧民の定住化が進められたのだった。もっぱらが牧畜と移動放牧の地方にコルホーズとソフホーズを設けることの意図は、実は、遊牧民と半遊牧民を定着させることだった。同時に、広範な穀物生産の発展計画が作成された。こうしたすべての措置の目的は、カザフスタン共産党責任者の言い分によれば、カザフスタン大衆を抑圧している「封建的・半封建的」関係と部族構造を根こそぎにしてカザフスタン人を「自然経済」から「社会主義経済」に移行させることだった。(12)

現実にはここでも他の地域とおなじく、集団化の記録を破ろうとする競争は、前例のない量の食肉の供給の義務化とあいまって、生産周期を完全に崩壊させた。1920年代おわりにはカザフスタンの牧畜はソ連最大規模だったが、それが3年で85%減少し、(13)牧畜だけで生活していたカザフスタン住民はきびしい貧困に直面した。この状況下では、遊牧民は土地を離れる他に術がなかった。1931年1月、スターリンとモロトフは中国駐在ソ連領事館の館員から、大勢のカザフスタン人が新疆《しんきょう》にむかって移動しているとの報告を受ける。(14) 1931年の1年間をとおして、カザフスタン人の脱出は西シベリア、キルギス地方、遠くはヴォルガ流域にまで増加した。

OGPU秘密政治部からソ連最高指導者への報告が強調したところによると、ほとんどの移住者は家畜の群れを連れず無一物で移動し、栄養失調のせいで極度に憔悴し、多くは病み、伝染病にかかっていた。数十万の消耗し飢えたカザフスタン人が、すでに深刻な経済の悪化と食糧難に苦しむ地方に到着したことは、ただちに地元民との摩擦を生み、カザフスタン人はすべての面倒の根源だと非難された——伝染病を広め、家畜と農作物を盗み、馬を殺して食べ、人肉まで食べていると疑われた。近くは鉱山町ケメロヴォやスターリンスクから、はるか遠く離れたアルタイの農村地帯まで、カザフスタン人が「ロシア人の子供を攫《さら》って食べている」という噂がしつこく流れた。

きわめて不完全な警察資料によると、こうした噂の結果数百人のカザフスタン人がクズバスの炭鉱地区でリンチにあった。(15) 他にも数百人が泥棒の嫌疑をかけられてリンチされた。一連の暴力沙汰は双方の飢えで悪化した民族間の緊張を反映すると同時に、「即興判決」と称する古くからの農民のしきたりの復活にあり、泥棒や浮浪者に悪事の疑いがかかると、共同体によって即刻処罰されたのである。だがこれは、警察が公共秩序を維持できない事実も反映していた。1932年2月、西シベリア地方当局は情勢の悪化に直面して、カザフスタン人を帰郷させることに決める。そして警察は、トゥルクシブにむかう鉄道沿線の都市や鉄道駅を中心に、徹底した一斉検挙を断行した。ほとんどの移住者はそこに集中していたからだ。数万人のカザフスタン人が特別列車に強制的に詰めこまれ、ロシア連邦とカザフスタンの国境を越えたあたりの駅で降ろされた。この強制送還は情勢を改善するどころか、今度はカザフスタン人とシベリア当局者のあいだの緊張を高めることになった。西シベリアに飢饉を

逃れて入りつづけるカザフスタン人の数は、そこから追い出されるカザフスタン人よりも多かったからだ。(16)

地方党指導部にとってこの民族間緊張は、さらに大きくはるかに憂うべき社会的無秩序のひとつの表われにすぎず、とくに動揺のいちじるしい辺境地域の安定を深刻に脅かしていた。内務人民委員部の報告はソ連全地方のなかで西シベリアが「革命秩序維持の観点からみてもっとも情勢が緊迫している」(17)と認めた。北には特別入植地、南には混乱しながら成長する新工業都市があり、西シベリアには(割合からいえばどこよりも大きな)無能ののけ者やあるいは無法者の集団がおり、あらゆる社会問題を抱えこんでいた。シベリアの大都市(トムスク、ノヴォシビルスク、バルナウル、ノヴォクズネック、ケメロヴォ、オムスク)の犯罪率はソ連最高だった。なかでもトムスクはその記録保持者であり、地元役人によれば「指定居住地を逃亡した犯罪者と強制移住者で満杯になっていた(18)」

犯罪とたたかい「革命的秩序を維持する」ために当局が動員できた警察力は、周知のように不適切(たとえばクズバスの鉱山都市ノヴォクズネックでは3年で人口が3万から17万に激増したが、40人の警察官しかいなかった)、訓練不足、装備不足、低賃金で腐敗していた。1932年の警察力は、地方全体で2200人を数えるにすぎなかった。国営企業、コルホーズ、穀物貯蔵庫、その他戦略的に重要な場所はたいていの場合、大急ぎで寄せ集められ、警察より4倍も多い人数の民警によってどうにか規則的に警護されていた。(19)政治警察(OGPU)についていえば、1933年に2000人足らずの私服要員で構成され、地方のほぼ110の地区にばらばらに配置されていた(その3分の2の地区には鉄道が通じていなかった)。たとえば300人の要員がノヴォシビルスクの西シベリア全権代表の本部事務所で働いていたが、農村地区には秘書、運転手をふくめてせいぜい十数人しか配置されていなかった。[20]この希薄な警察網は半軍隊的支隊によって補強されていたが、その隊員数は数千の単位でばらつきがあり、とくに鉄道と戦略的兵站線に沿って、あらゆる類の窃盗と密売のさかんな場所に展開されていた。OGPUのおもな活動分野のもうひとつは山賊行為に対するたたかいで、これは当局が1930年代初期にとくに憂慮した現象だった。

18世紀以来、入植地としてだけでなく流刑と強制労働の地でもあったシベリアは、いつも余計者とお尋ね者の逃げ場でもあった。1917年以降の内戦期には、いくつかの要因がこの地方に義賊の出現をうながした。大混乱に陥っていた農民社会は、赤軍とシベリアに設立された短命の白軍政権の双方に屈従させられ、面倒な徴発と絶え間ない徴用に苦しめられた。地方レベルではエリック・ホブズボームが義賊を取りあげた労作でしめしたように、転変する軍事戦線と頻繁に情勢がどんでん返しされる状況下にある不安定な権力、広範な貧困、食糧不足、そして飢餓は、至福千年到来の期待感をかきたて、「原始的な反抗」の発展にまことに好都合な土壌を提供する。[21] 1918－22年の時期には、シベリアはあらゆる種類の犯罪のるつぼだった。「定住」農民の集団は、赤軍と白軍双方の徴発に抵抗して自分たちの領分を守ろうとし、他方、外れ者、脱走兵、お尋ね者、さらに根無しの人びとからなる雑多な「移動」犯罪集団がいて、後者は何年も前に離れて今はどうなっているかわからない故郷や目的地を目指していた。ボリス・パステルナークが『ドクトル・ジバゴ』でみごとに描写しているように、かれらは数百の騎馬手からなり、武器と荷物を携えて800キロを超える距離を移動し、果てしないタイガのただなかで、あるいはロシア人のおもな移住地のひとつ、ハルビンにいたる極東国境を越えてから解散するのだった。[22]

内戦は終結したものの、この種の犯罪はとどまるところを知らなかった。シベリアでは「社会的危険分子」が、1920年代をつうじて追放・軟禁されていた最果ての地域で根づいていたのだ。1924年、26年、27年に、シベリアは公式に「犯罪を原因とする危険な地方」と宣告された。特別犯罪撲滅委員会がOGPU全権代表のもとで設立され、その抑圧権限がいちじるしく強化された。1928年には、農民に「戦時共産主義」時代を思い出させる徴発政策がふたたび採用された。そのうえ翌年には農村の強制集団化と富農撲滅運動が農村犯罪に新しい命を吹きこむ。国家と農民の関係にふたたび強制がもちこまれたことを、作家のミハイル・ショーロホフは1929年6月20日付のスターリン宛の手紙で批判し、「犯罪の新たな激増の火種にこと欠かない」ことを指摘した。「ロシア全史がしめすように、国家が農民を虐待すればするほど、農民は反射的に古い盗賊本能を呼び起こされた」[23]

農村犯罪は1929年の春までには、管理の行きとどかない広大なシベリアの空間で急増していた。警察の資料によると、1929年おわりには450以上の盗賊団がシベリアを荒らしまわっていた。そのうち当局がもっとも恐れていたのは、1927年以来「ソビエト権力の代表」を襲いつづけるコシュキン某という頭目に率いられた一党だった。農民に「ブラック・ツァーリ」とあだ名されたコシュキンは、軍用ライフルと手榴弾で武装した数十の盗賊団を配下にし、コルホーズを襲っては組織的に焼き払った。[24] 警察は1930年、西シベリアだけでそのような盗賊団が880を数え、「しかもこれはわれわれが知るかぎりの集団」の数でしかないことを認めた。[25]

農村犯罪の拡大を阻止し、あちこちで本物の蜂起の様相を呈してきた農民の動揺（このふたつの現象の境界線ははっきりしなかった）を抑えるために、もっとも混乱した地域にはOGPUの特別部隊が急派された。そして1930年3月にはバラビンスク地域だけでも、騒動に参加した農民1000人以上を逮捕した。そのうち100人は当局によって「富農犯罪者」と恣意的に決めつけられ、処刑された。[26] 1930年の「反革命活動」（565の暴動・デモ、305の「テロ行為」）を総括し、地方OGPU責任者は管轄地方の積極的「犯罪者」数を1万2000人以上と推定している。数十人で1団を組織する「犯罪者」は130のコルホーズを襲い、数百頭の馬を奪い（武器も馬も足りなかった警察力とくらべて大いなる移動力をあたえてくれる大事な報償だった）、200以上の倉庫、穀物小屋を略奪して放火し、65の地方ソビエトを襲撃した。[27]

犯罪はその後の年月も根強くつづいた。1931年に西シベリアのコルホーズの少なくとも40%は、「犯罪者の攻撃」または「テロ行為」（放火、ソビエト職員・党員その他政府に密接な「活動家」の暗殺）の犠牲になった。[28] 警察情報によるとこれらの犯罪者は、逮捕と強制移住を逃れた富農の若者や逃げおおせた幾万もの強制移住者のあいだから募られ、これら自称「復讐者」は極度に暴力的な犯罪集団に加わっている。これらの集団は自分たちを容赦なく排除し社会の周縁に追いやった政治制度と決着をつけようとしたが、かれらにとってこのことは、欲得や冒険心と少なくともおなじくらい強い動機をなしていた。かれらの第一目標はソビエト権力の地方代表、コルホーズ、ソフホーズ、協同組合、機械・トラクター置き場、「政府供出物」が貯蔵された穀物倉庫であり、穀物は農民にしばしば再分配された。応募者に事欠かなかったこの社会的犯罪を刺激した要因のひとつが、大動乱の時期に非常に広く共有されたコルホーズ制度が一時的なものだとする確信だった。この確信を証拠だてるものは、コルホーズが今にも解散されるとか、日本の侵入が迫っているとか、政権はかならず崩壊するといった無数の噂だった。

1930年代にこのソビエト極東を支配していた暴力の傾向を説明する、類似の報告は多々あるが、西シベリアOGPU指導部が提出した「1931年8月15日の当地方における政治情勢について」から一文を引用するにとどめる。[29] 1931年はじめ以降に解体された「蜂起組織と集団」(総員6287人からなる511の集団)にたいする闘争を概略した後、政治警察の地方最高当局者はこうつづける。

過去2、3カ月にわが機関は約1ダースの新たな匪賊団(144人の構成員)とふたつの大掛かりな攻撃(約700人の参加者)を記録した。……匪賊の温床はまず強制移住を逃れた富農、ついで犯罪分子からなる。

この集団は活動基地として西シベリア南部の遠く離れた特別村やさらに奥の部落を利用している。それらは近づくのがむずかしく、湿地帯でおおわれ、ソビエト権力が弱体どころか存在していないのが実情だ。それを利用して匪賊は逃亡富農、そこへ追放されていた犯罪分子、特別移住者、定められた居住地からの逃亡者のあいだで同類を募っている。ところがこの匪賊たちは人里離れた遠い「狼の巣」に大人しくしているわけではない。かれらは町や行政中心地に下りてきて、地元党組織やソビエトの行き過ぎやまちがいにつけこんで、あらゆる類の破壊的流言を広めながら地元民のあいだで犯罪行為をつづけている。

匪賊の犯罪活動はよく組織されている。しばしば地元民の支持に助けられている。首領スコラトフ某に率いられた24人の徒党はセデルニコヴォ地区を荒らし、7月1日にエストンスキー村で共産党員リディア・オムクを殺した。クプリンカ村でコルホーズ員に発砲し、バキノではコルホーズ長の家に放火し、「共産党員と共産青年同盟員を皆殺しにする」と脅すパンフレットを配った。一味は逃走する富農のあいだで仲間を募っている。その勢いは、この匪賊が地元住民のあいだで支持されていることを説明する（住民の7名が最近仲立ちをしているとして逮捕された）。村民は匪賊に食料とねぐらを提供し、われわれの支隊の動向を知らせている。……

6月12日にチュマコヴォ地区OGPU責任者が送った電報によれば、カリーニン某というコルチャック軍元将校に率いられた70人強の逃亡富農の一党は、沼沢地帯のチュミスを根拠地にしている。7月7日この一味は近くのソフホーズの森林労働者を攻撃した。7月9日にはアキニンスコエ村に入り、移送される寸前の富農家族を逃がした。7月10日には、事態を調査すべくアキニンスコエ村に向かっていた地方ソビエト議長と2人の警官を襲った。ソビエトの責任者は殺され、2人の警官は行方不明になった。翌日一味はクレシェンスコエ村のソフホーズの倉庫を襲い、爆薬16プード*、ライフル5丁、冬用衣類を持ち去った。……ソユーズニの町では、一味はソビエト権力に敵対して成人住民の「総動員」を実施した。7月16日、一味はわが支隊をクレシェンスコエで襲撃、わが方の3名を殺した。7月18日、150名強のわが支隊をドゥブロヴスコエでふたたび襲撃したが、反撃されて退却した。7月19日、われわれは戦闘後ムッシン＝オストロフを占領した。その後引き続く戦闘の過程で一味は60名以上を失った。12名が負傷し115名が捕虜になった。さらにわれわれは、一味を抹殺したあと130人のスパイとそれ以外の匪賊を逮捕した。逮捕者の社会的分類はつぎのとおりである。元富農75名と中農115名（この全員が特別移住者）、貧農37名、役人10名、職人2名、職業不詳6名。われわれは火器91丁、馬16頭を捕獲した。……

この報告に描かれた本物のゲリラ戦は、1930－31年の時期以降に地方党組織が直面していたはるかに大きな問題の、注目すべき一側面にすぎない。大きな問題とは、富農身分を剝奪された農民――そのほぼ3分の1がすでに逃走している――から構成される30万ないし40万人の特別移住者の大集団を管理することである。

1931年10月、ロベルト・エイへは党地方高級幹部の集会で富農撲滅運動の結果を評価してこう言った。「中央と地方当局のあいだで断絶が生じ、今もそのままである唯一の分野があるとすれば、それは特別移住者の場合を除いて他にない」ことを自分はわかっている。中央はいつも急いで「統計を操作し、壮大な発展計画を立て、食糧補給の自給自足について語っている」が、実施の資金を送ってきたためしがない。地方指導者にしてみれば「記録的短時間で適当な手段もないのに大人数をタイガに移住させ、かつその逃亡を防ぐ」義務を負うことになる(30)！

西シベリアは1930年はじめから、「階級としての富農撲滅」の企てで大きな役割を演じるよう要求されていた。この過程で、ソ連全体で400万の農民が財産を奪われ、180万人が強制移住さ

＊ プードは旧ロシア重量単位で約16・38キロ。

せられた（55万人が1930年に、125万人が1931年に）。西シベリアは実際に他所より富農が多い地方だった（推定、地方人口の7％、10万家族）だけでなく、富農身分を剝奪された強制移住者を他地域から「受け入れる」ことができる広大な未踏の地をもつ移住地とみなされていた。1930−31年には、富農身分剝奪と強制移住というふたつの大きな波が押し寄せる。それが西シベリアをソ連最大の特別移住者の集中する地方にしたのである。[31]

第一波はソ連の他の地方と西シベリアで1930年2月から5月にかけて起こった。財産剝奪後にシベリア南部に強制移住にされるべきシベリア在住富農の数はソ連でもっとも多い部類であり、3万家族（この第一波がソ連全土で強制移住となる全家族数の5分の1）だった。そのうえ、西シベリアは他地方からの富農身分剝奪農民3万家族を受け入れることになっていた。[32] どこでもそうだったが、この最初の富農身分剝奪の波の特徴は、地方共産党活動家、労働組合員、都市から派遣された労働者、貧農から構成された地方富農身分剝奪委員会の犯した無数の「行き過ぎ」と「偏向」だった。とくに貧農にとっては「階級としての富農の撲滅」はなによりも、際限ない略奪と積年の恨みを晴らすまたとない機会だった。多くの富農の財産剝奪は強制移住作戦をきちんと実行するとなると、大きな問題を提起した。富農身分を剝奪された人びとは実際に、1家族当たり少なくとも2カ月分の食糧と地方に定住するのに必要最小限の道具と資材を携えてくること、そして鉄道下車地点から指定居住地まで自分たちを運ぶ馬1頭をも用意することが期待されていたからだ。[33]

事実1930年3月7日、トムスク地方党責任者がエイへ宛に書いている。

集団の移送にあてられた馬は、300キロ以上の距離を旅するにはまったく適していない。集団結成時に強制移住者の所有する良い馬が老いぼれ馬に取り換えられたためである。……この状況では規則上、以下に挙げる富農に認められた所持品と食糧を輸送することはきわめてむずかしい――1家族につき小麦粉7プード、種子13プード、干し草70プード、3家族につき鍬1、4家族につき馬鍬1、5家族につき熊手1、シャベル2、斧2、草刈り大鎌3、大橇1、馬具1、鋸1、鎌2、5家族につき2人用手引き鋸……。農民に課せられた公的作業との関連で考えると、われわれはパンと干し草の輸送だけで2万台の貨車を動員しなければならない。このことは全地方の春の播種と森林伐採の計画をそこなうことになる。(34)

このように、強制移住者にはわずかな食糧しかなく、ほとんど道具なしで指定地に「入植」させられるのがふつうだった。

では、選ばれた場所はどんな状態だったのか? そしてだれによってその場所は選ばれたのか? 強制移住の場所選びは、富農撲滅運動の最初の段階ではさまざまな役所から任じられた役人からなる急ごしらえの地区委員会の責任だった。委員会の構成は、農業人民委員部の委員会を再編成したソビエト執行委員会、強制移住労働力を使う責任を負う大国営森林コンビナートの代表、それにOGPU中堅幹部だった。強制移住者を「逃亡不可能な自然(沼地、深い森林)に囲まれ、道路がなく、鉄道から数百キロ離れた地帯」(35)に入植させるというOGPUの抑圧的な命令と、地方の自然資源の開発を保証するはずの「生産的植民」という経済的要請をいかにして両立させられただろうか。この相容れない要求はたいていの場合、常軌を逸した選択となった。というのも、移住者を監視する責任をもつOGPUが決定権を握ったからだ。

ひとつ例を挙げよう。こうして1万1600人の移住者をクライスク地区に割り当てたものの、ここはトムスクから1400キロ離れ、住民1500人足らず、5月から10月にかけては河川でしか行けず、冬には悪路でしか辿りつけない場所だった。「クライスカヤ指揮管区の移住者の経済的活用」を調査するために送られた調査団の報告によると、2700人の移住者が指定地に到着していなかった。40日かけた橇での旅の途中でそのうち何人が死んだか？ 何人が逃亡したか？ 4月はじめに最終目的地には8891人が到着したとクライスカヤ指揮管区では記録している。指揮管区〔コマンダトゥーラ。以下「管区」と略称〕とは、特別移住者を管轄するために設けられた行政組織の単位であり、その任務のために特別に募られた45人の役人と監視兵から構成されていた。しかしその3カ月後、そこに残っていたのはたった1607人だった。調査団によれば、6682名が脱走、80名が死亡、208名が帰郷を許可されていた。移住者（と携行を認められた食糧）を運んだ2254頭の馬のうち、333頭しか残らなかったのは、逃亡した富農が馬を使ったからだ。調査団は、冬のさなかに行き当たりばったりで移住地が選ばれたせいで、春の雪解けがきたときにはまったく居住不可能だったと認めていた。移住者自身が建てた掘っ立て小屋は水浸しになった。土地は開墾不能だった。調査団は、生存者を移住にもっと適した場所に移動させるしかないと結論した[36]。

この事例は例外でもなんでもない。この文書に記録されているように、移住最初の数ヵ月の移住者死亡数は、地元役人があちこちで集めた資料——1200家族中200人が死亡し、そのほとんどが子供[37]、移住者350家族中、伝染病の猩紅熱《しょうこうねつ》とジフテリアで180人の子供が死亡——にくらべると小さすぎる。[38]

ほぼ完全な組織の欠如、移住地の準備不足、OGPUがおこなった移住作戦中の調整欠如、資金のない地元役人にはお手上げだった移送者の入植、それらが1930年冬と翌春をつうじて起きた強制移住の波の特徴だった。このことは、シベリアへの富農強制移住の最初の案（3万家族）がなぜ実現されなかったかを明快に説明している。地方当局はほぼ7万に近い農民家族の財産を没収したものの、悪路と護送手段欠如と組織の全体的な混乱のせいで、1万6000家族、8万3000人（うち3万8000人以上が児童と少年少女）の強制移住しか達成できなかったのだ。[39]ウクライナ、北カフカス、ヴォルガ地方の富農3万家族については、1930年のうちに西シベリアへの移住が予定されていたが、その3分の1が指定居住地に連れていかれただけで、残りはウラル地方に移住した。

周囲の大混乱に相応した喪失もあった。1930年6月には5万4200人の強制移住者がナリム地方に移住したが、10月には、そのうちたった2万2000人しか残っていなかった。警察の情報によれば約2万2000人が逃亡した。約1万人（18%！）が伝染病（なかでもマラリア）でなぎ倒され、消耗と飢餓で死んだ。果てしないタイガに吸いこまれて永久に消えた逃亡者は計算に入っていない。OGPUが記録した西シベリア全体の特別移住者は、1930年12月には10万762人だった。そしてそのうち4万2000人を喪失したことになる。[40]当局は、同地方の自然資源開発と移住の目的に少しでも応えるような生産的労働に従事した移住者がわずかだった事実には、いたく憂慮したようだ。

せいぜい4000人の移住者がシブレストトレスト森林コンビナート、3200人がソユーズゾロト採金コンビナート、約2300人がクズネツストロイ金属コンビナートで働いていたにすぎない。その他の圧倒的多数は、糊口をしのぐために猫の額のような小さな土地を耕し、掘っ立て小屋を建てるのに四苦八苦していたのだ。

結局、国家にとっては全作戦が高くついた。移住計画、小屋建設、資源開発のどれもが実現しなかったのだ。1930年の富農強制移住についての評価報告にはこう書かれている――「西シベリア移住者のために地方行政機関に割り当てられた金額は150万ルーブルだった。これは無計画に使われ、だれもその金がどこに消えたのか知らない。……食糧はどこにも確保されず、人びとを食べさせることはむずかしく、場所によっては本物の飢餓に発展した」[41]。各移住家族に割り当てられた1000ルーブル（いかに少量であれ、護送、管理、食糧の費用として）は、没収された財産の平均価値（およそ560ルーブルと見積もられる）よりもはるかに大きかった。おまけに「富農撲滅隊」が分け前を先に取ってしまうから、コルホーズに渡ったのは残りのわずかな没収財産にすぎなかった[42]。

しかしこうした問題は、1930年はじめに開始された農業集団化と「階級としての富農撲滅」計画の遂行を遅らせることはなかった。1930年に開かれた中央委員会幹部会は、集団化の野心的な目標（1年以内におもな穀物生産地方で農家の80%を集団化）を定め、「富農撲滅」の完了を訴えるスターリン提案の「前進」案を承認した。「労働力のおそるべき浪費と特別移住者の無秩序な利用」を正そうと、政治局は1931年3月、富農撲滅作戦の第二波を発動する直前に、人民委員会議副議長〔副首相〕アンドレイ・アンドレイエフを長とする特別委員会を設置する。その課題は、強制移住作戦全体を監督し、「特別移住者の合理的で効果的な管理システム」をつくることだった。この委員会でゲンリフ・ヤゴダは中心的役割を演じ、OGPUの権限を途轍もなく拡大した。それまで政治警察は、移住者の逮捕と移送を担当し、大規模コンビナートのいくつか（ソ連北部・東部で自然資源を開発し、経済下部構造を建設する使命をもつ）とのあいだで締結された契約で縛られていた。そのうえでOGPUは特別村の行政、財務、経済の管理を独占することになった。それ以前にはOGPUではなく地元当局の管轄だったのだ。OGPUは権限拡大のため矯正労働収容所管理総局（略称GULAG［グラーグ。LAGはラーゲリの略］）の下に特別移住局を新設し、地方レベルではOGPU全権代表と連携する特別移住部を設けた。これは特別労働村を監督する「チェキスト指揮官」を長とする管区の広大な組織網を統括支配した[43]。こうして平行する行政機関によって移住作戦を掌握し、OGPUは一種の治外法権をもって移住者が住む広大な領域を完全な支配下においたのである。こうすることで、富農撲滅作戦の第一波の目的実現を阻んだ混乱と無秩序はなくせるはずだった。

1931年2月20日、ヤゴダ言うところの「第二打撃」なるものが政治局で討議された。この会議で採択された目標はきわめて野心的で、向こう6カ月以内に全国で20万ないし30万家族（100万から150万人）を強制移住させるというものだ。OGPU地方機関は1カ月以内に、作戦全体を調整する責任のあるアンドレイエフ委員会に提案をだすことになった[44]。1931年3月18日、同委員会はレオニード・ザコフスキーを長とする西シベリアOGPU全権代表事務所が起案したシベリアの4万富農家族の移住計画を、討議のすえに承認した。作戦は5月10日に開始予定となった[45]。そのかんにO

GPU地方機関は富農脱落者の強制移送と移住の全段階とを、周到に組織するはずだった。つまり移住者に「最低数の農機具、荷を運ぶ馬（家族ごとに1頭）、その他の生産用具（槌、シャベル、熊手、鋸）、それに2カ月分の食糧と身の回り品」をあてがうはずだった。また貨車を（コルホーズの公共労働義務の枠内で）利用し、川では平底船で移住者を運ぶ効率的な護送システムをつくり、「1920年代にシベリア人口調査部がおこなった研究を参考にし、移住地に実際に遠征して」適当な移住地を探し出すものと期待された。ただちに300万ルーブルがこの作戦に割り当てられた。(46) OGPUの地方最高責任者ザコフスキーは4月おわりに「4万人の富農家族の移住形態について」と題する報告書を提出した。これはまさに官僚的計画の傑作だった。ザコフスキーによると、前年におこなわれた移住の特徴だった「無秩序」を避けるため、あらゆる不測の事態が予想に入れられた。準備として、移送者を川船に移乗させる地点まで運ぶために33万5350台の貨車（加えて富農自身が提供した2万台の貨車）が徴発された。また450人の警察官、518人の「コルホーズ活動家」、1915人のOGPU要員と警備兵が移住者を護送するために動員された。特別移住地はくまなく視察済みであり、移住に適していると判断された。(47)

西シベリアに富農を強制移送する第二波は、1931年5月10日にはじまり、8月末までつづいた。今回は、計画目標は達せられたどころか、超過した。実際に4万4000家族（18万2000人）をナリム地方に移住させたのだ。OGPUは計画の独占的実行者として、事態を効率的に進めたようだ。しかしわれわれはこの膨大な強制移住が、ザコフスキーがモスクワに書いたように「行き過ぎ、変更、無秩序をともなわずに」実施されたと結論してはならない。1500から2000人、おもに幼い子供たちが1カ月から2カ月かかった移送の途中で死亡している。[48]
西シベリアOGPU特別移住部長に昇格した32歳のイヴァン・ドルギフは、使命遂行の責任者として報告書を書いた。1930年の移送第一波をつうじて起きたのとおなじような問題が起きたというのだ。「ほとんどの地区は移送者の装備と食糧についての指令を無視し、そのせいで移送者は極度の消耗状態で到着した」、「馬には干し草があてがわれなかったので、4分の1が死んだ」、「平底船は大きすぎてオビ川の合流地点の先でチャヤ川とパラベル川を進めず、3万8000人をバラノヴォで、2万5000人をパラベルで下船させ、もっと適切な船で上流に運ぶのを待たねばならなかった」、「移住地へのルートの指示は非常にいい加減で、地域の実態に相応したためしがなかった」、「移住地の50%もが移住不可能だった」、「その他の場合は、移送者を行きあたりばったりで荒野に下船させねばならなかった」。荒野の状態についてはつぎのように書かれていた。「ヴァスユガン川の全盆地はところどころ、幅1、2キロと細く、5キロもの長さの、足を踏み入れられないほど灌木が縺《もつ》れ密生した地面で区切られ、果てしなくつづく沼沢地だった。最初に伐採しなければ耕作は不可能だった。まれに低湿地帯があったが、7月中旬まで水に浸かっていた」[49]
けれども移住作戦中に現地報告に記されたこの具体的・現実的な所見は、数カ月後、1931年末にはドルギフ自身の勝ち誇った評価によって打ち消されてしまった。他のOGPU地方指導者と同様、ドルギフはまがうことなき植民熱にとりつかれ、高揚していたのだ。「ナリム地方移住作戦は1931年5月に開始、6月30日に成功裏に完了した。かつては、わずか11万9942人の住民が34万3984平方キロにわたって限りなく広がるナリム地方に住んでいた。ここに4万3852家族18万23

27人を、多大の困難をものともせず移住させた。帝政が350年の歳月をかけたにもかかわらず4万家族しか植民できなかったナリム地方の人口は、65日から75日で倍増した。18万以上の移住者は地方の経済条件を根本から変え、その将来の発展に無限の可能性を開いたのだ[50]」

意気揚々としたこの評価をもとに、1931年遅くには、2年をかけての「ナリム地方開発計画」が起案され、モスクワの最高レベルである人民委員会議〔政府〕に承認された。同地方は、2年以内に11万ヘクタール以上の開墾を経て食糧生産の自給を達成すると期待された。国家は地方開発に1270万ルーブルを投資する。この見返りとして特別村は国家に、1932年から23万立方メートルの木材、5000メトリックトンの魚、1600万ルーブル相当の「手工業製品」を引き渡すとされた。

このユートピア計画の実施について1932年をつうじて書かれた無数の評価を読むと、容易に予見される経済的・人口的破局の様相が浮かびあがってくる。OGPU職員みずからが「労働の組織と管理の完全な無秩序のせいで、成人移住者がおこなった仕事だけでは食糧配給割り当てをうけられるだけ稼ぐことはできなかった」と認めている。パイオクと称される規定の月間割り当て量は理論的には、成人労働者1人あたり9キロ（扶養者1人あたりさらに6キロ）の小麦粉、6キロ（扶養者1人あたりさらに3キロ）のセモリナ〔粗粒状の穀物〕、1キロ半（扶養者1人あたりさらにその半分）の干し魚、800グラム（扶養者1人あたりさらに360グラム）の砂糖だった。だがこれは理論上の話、つまり食糧の規定量が適時に運びこまれての話であって、実態は程遠いのが常だった。さらに成人労働者は4カ月ごとに「代用茶」50グラムを受けとることになっていた[51]。肉、乳製品、野菜など他の食糧は移住者自身が「食糧自給計画」（1933年末には穀物と小麦粉の新たな移住地への搬入の停止さえ計画されていた）の枠内で生産するとされ、パイオクの貧しい内訳にはまったく入っていなかった。

1932年7月18日、シブラーグの長はロベルト・エイヘにこう書いた。

わが管区からもたらされる情報によれば、ザプシブレストレスト〔林業コンビナート。本書81ページの注参照〕に雇われている特別移住者は文字通り飢えているという。パラベルスカヤ、モゴチンスカヤ、アレクサンドロ＝ヴァホフスカヤの各管区からの報告では特別移住者は木の根、樹皮、草を食べ、体をこわしており、死亡率は高い。くわえて食糧供給がないせいで事件（貯蔵施設からの略奪）が起き、生産が阻害され、体力のある者は逃亡している。……住居基準はみたされたためしがない。平均して小屋の1人あたりの居住面積は1・5から2平方メートルがせいぜいだ。恐るべき衛生状態のために過密状態はいっそう悪化している。医薬品は皆無だ。ノヴォクズコフスカヤ管区では特別移住者の50%がマラリアにかかっている。……伝染病患者は隔離されないままだ。行政機関は病人を十数キロ離れた最寄りの診療所に送る馬の提供を拒否している。病人と働けない者全員には食糧割り当てがない[52]。

衛生当局が派遣した数少ない検査官からの報告は、ナリム地方に期待された「先駆的模範開拓地」で1932年から、飢餓が移住者を絶滅させつつあることをより正確に記録していた。

多少とも規則的に運びこまれていた唯一の食料品の小麦粉には、さまざまな代用品、とくに乾燥させて粉末にした切株のおが屑が混入された。移住者はこれでパンを作った。とくにパラベルスカヤ、モゴチンスカヤ管区でさかんに使われた他の代用品は、白樺の樹皮だった。飢えをできるだけ早く癒そうとして特別移住者はパンを焼く手間さえはぶき、水で溶いた代用品まじりの小麦粉を食べた……地方の診療所、いや病院でさえ、これほど衰弱した人間を手当てするのは不可能だった。適切な栄養食をあたえても39度から40度の高熱を発し、この消耗した患者たちは4週間から6週間で心不全で死んだ。……子供にとっては事態はさらに深刻だった。たとえばケツカヤ管区では孤児院にいる子供も家族と暮らす子供も極端に痩せていた。たった5歳、6歳、7歳なのに、表情はまったく見られなかった。まるで老人だった。ほとんど動けず、遊ぶ気もなくしていた。われわれは割り当てられた2000食を子供たちにできるだけ公平に分けようとした。[53]

こうした報告を読めば、移住者のおそるべき死亡率の原因を理解できる。1年(1931年4月から1932年4月)でナリム地方だけで2万5000人以上(11・7%)が死亡した。当局は「この死亡の大多数」が「西シベリアの果てしない沼沢地特有のマラリアを例外として、どれも局地的だった伝染病よりも、日常生活の困難、移住地の不潔さ、寒冷、飢えのせい」だと認めた。[54]子供が最大の犠牲者だった。1931年6月と7月に死んだ移住者1万4000人のうち76%は12歳以下の子供だった。この時期は、富農として迫害された人びとの強制移住と「入植」の時期に正確に一致する。[55] 1932年1月に提出された報告では、ナリム地方における3歳以下の子供の死亡率はひと月で8-12%だと認めていた[56]!

状況は他の大規模強制移住地、カザフスタン、ウラル地方、極北地方でもおなじだった。1932年の1年間だけで、特別移住部の公式統計では特別移住者の死者はおよそ9万人で、その多くは子供だった。[57]

注目すべきは、地方の党とOGPU当局が経済発展の壮大な計画の失敗（1932年にはそのどれひとつをとっても目標達成率は5％から10％以上ではなかった）のほうをはるかに心配していたことだ。この失敗はロベルト・エイへが1932年6月に言っているように、特別移住制度が「地方経済にとって莫大な重荷」となっていることのほうが、強制移住による真におそるべき人間の犠牲よりも重大な関心事だったことをしめしている。死亡率の統計を批評してOGPUのある高官は書いている。「最短期間で実施された大規模な移住事業を考えれば、この程度の年間死亡率をことさら高いとみなしてはならない[58]」。政治警察の責任者の目には、逃亡のほうがはるかに心配だった。1年で4万7000人の逃亡者（警察統計ではそのうち7721人は逮捕）がおり、これは「匪賊」現象であり、もっと一般的には当局が「社会的無秩序」と位置づけるものだった。[59]

1932年末の党地方指導部にとっては、経済計画の面ばかりでなく秩序維持の問題として、30万人の「特別移住者」の管理問題は、1932年末の西シベリアにおける非常に緊張した状況下では未解決の大問題だった。モスクワでOGPU本部があわただしく実行しようとしていた100万人の強制移住という新計画を、ロベルト・エイへが知ったときの反応がいかばかりだったか理解できよう。

第3章　交渉と準備

シブラーグの責任者アレクサンドル・ゴルシュコフはナジノ島で起きた事件の解明に取り組む調査委員会で、1933年2月にモスクワに出張したときの様子を陳述している。それは西シベリアで特別移送者100万人を移住させる命令を受けとった直後のことだった。

2月9日に西シベリア党地方委員会本部で開かれた会議のすぐあと、わたしはモスクワに発った。着いて知ったのは、100万人ではなく、いまや300万人の移住問題だったことだ。100万人をカザフスタンへ、100万人をどこかへ、どこだったか忘れたのはたくさんの場所に移す計画だったからだ。残りの100万人はわれわれのところ、つまりシベリアだった。2日間の議論の末、結局合計200万人になったと知らされ、100万人がカザフスタンへ、100万人が西シベリアに決まったとのことだった。最高レベルでわれわれに下された指令は、移住作戦に要する財務・経済的見積もりの作成だった。できるかぎり切り詰めるようにいわれた。われわれはいくつか案を作成して中央委員会の部会に提出し、案件はゴスプラン（国家計画委員会）で検討され、わが方の最低限の要請、つまりOGPU提案は、またもやさらに大幅に削減された。具体例を挙げる。100丁の斧が必要と見積もりながら70丁をもとめたが、経済関係省はそれをさらに減らしてきた。要約すればきっとつぎのような厳密な指示をうけていたのだ。地区は馬と運搬手段と3カ月分の食糧を提供すればよい。特別移住者には身の回り品と道具だけあればよい。こうして中央が割り当てる資金は最低限にまで減らされた。わたしがシベリアにもどると、最終的に50万人がカザフスタン、50万人が西シベリアと、さらに減っていたのを知った。計算は全部やりなおしだった。一からの出直しだった。……3月はじめには、「国内旅券携帯義務化」作戦との関係で都市から追放される脱落分子のごく一部を受け入れるのだろうと思っていた。ところが犯罪者と、監獄すし詰め解消作戦のために出獄してきた累犯者も送られてくることになった。これはわれわれがまったく知らなかったことだ。(1)

この陳述はスターリン政権の最高レベルの政治・警察当局者がどんなやり方で数百万人にかかわる「住民の管理」形態を構想し、組織し、実施したかを雄弁に物語っている！

OGPU・グラーグ対いくつかの経済関係省とゴスプランとのあいだで、最高責任者スターリンとモロトフを調停者として、1カ月にわたって交渉がおこなわれたが、ここではその詳細には立ち入らない。2月初旬、ゲンリフ・ヤゴダが最初の案を提示し、それに対してスターリンとモロトフが意味深長な批評を殴り書きしている。スターリン、「良案だ。しかしこの移住作戦を監獄の缶詰状態解消とうまく調整する必要がある」、「連中を全部10年の移住とせよ」[2]、「監視強化と逃亡阻止は考えているのか？」モロトフはソビエト国家予算のよき管理者であったから、ゲンリフ・ヤゴダの「壮大な」計画が高くつくのを心配して言った、「13億９４００万ルーブルの経費とはひどく膨らませている。移住者自身に経費を分担させるべきだ」[3]

１カ月さんざんやりとりしたあげく、移住計画はＯＧＰＵ本部と地方指導者のあいだで「妥協」に達し、半分に縮小された。１９３３年３月７日、ロベルト・エイヘはスターリンに電報を打ち、前便の条件を修正する用意があること、さらに１９３３年の春夏をつうじてナリム地方とタルスク地方に50万人（つまり１カ月前に受け入れるといった人数の倍）の労働入植者を移住させることに同意すると知らせた。この譲歩は地方指導者が「反対」できる限界をしめし、またモスクワの圧力にあうときの立場の弱さをよくあらわしていた。とはいうもののこの譲歩は、ＯＧＰＵが大量の追放者の流入につづくと恐れた「無秩序」を予期して出した、西シベリアでの抑圧強化の要求と財政的な要望に沿うものだった。[4]３日後、政治局と西シベリアとカザフスタンのＯＧＰＵおよび党地方指導者とのあいだで妥協が成立し、ＯＧＰＵに対し、１９３３年にカザフスタンには50万人を、西シベリアにもおなじ人数を移住させる許可が下りた。[5]そしてＯＧＰＵの要請と、国家計画委員会（ゴスプラン）および経済関係各省のあいだで、最終的仲裁を下す委員会が設立された。[6]「特別労働村の組織」にかんする計画全体は、１９３３年４月30日、人民委員会議〔政府〕で最終的に採択された。[7]その文言がしめすように、移住者の強制移送と移住作戦に割り当てられる予算はいちじるしく削減されたのだ。ＯＧＰＵは最低額を要求したが、その額の20%にみたない2億5100万ルーブルしか受けとれなかった。2640台のトラクターを要求して960台（うち460台は中古）、護送と「特別移住者」が開墾する土地の耕作に不可欠と判断された馬9万頭に対し3万4000頭、牛3万頭の要求に対し1万2500頭しか割り当てられなかった。種子、飼料その他基礎的食料品（小麦粉、干し魚、油、砂糖、塩、茶）については、国家調達委員会（国の食糧備蓄銀行に他ならない）との難交渉の末に、当初の要求の4分の1がやっと割り当てられた。おまけにこの貧弱な割り当ては、たいへんな危機的状況下なのに数ヵ月遅れで送られてきたことを思い起こすべきだ。

OGPU指導部とグラーグ本部が練りあげた移送計画では、4月20日現在、つぎの移送人員数を予定していた。ウクライナから15万「分子」、北カフカスから12万、モスクワとその近郊から6万、レニングラードとその近郊から4万、ウラル地方から4万、西部地方から4万、黒土地帯中央地方から3万5000、中ヴォルガ沿岸地方から3万5000、西シベリア地方から3万、低ヴォルガ沿岸地方から2万、など。(8)

作戦は1933年5月1日に開始するとされた。8月15日までに75万「分子」が移送される。残りの25万「分子」は9月と10月に移送される。OGPU輸送局次長I・グラッチの立てた案では「移送の最大リズムは毎日それぞれ1800分子からなる4個護送集団、または1日7200「分子」、1ヵ月21万6000「分子」、西シベリア向けには1日2個護送集団、カザフスタン向けには1日2個護送集団、下車に割く時間を3から4時間以下とする」。(9) この目標はいずれも達成されなかった。地方幹部は移送すべき「分子」を早く厄介払いしたいばかりに、案はどうでもよかったのだ。護送集団は5月1日を待たずに早々と送り出された。

モスクワの最高レベルで100万「分子」の移送の方式が議論されているあいだに、現場の西シベリアでは、孤立した管区への新しい「割り当て受け入れ作戦」（当事者の使う官僚用語）はどのように準備されていたのだろうか。

作戦全体の調整は、1931年夏の大移動を監督した特別移住部長イヴァン・ドルギフがおこなうことになっていた。この若い政治警察官はアルタイ地方バルナウル出身で、めざましい出世をとげた人物だ。18歳でボリシェビキ党に入党、赤軍で戦い、同世代の多くの闘士のように内戦で昇進をとげ、連隊長として内戦をおえた。モスクワで軍事教育をうけたあと、内務人民委員部〔内務省〕で働く道を選んだ。1928年にはドルギフはすでにバルナウルのNKVD管理部長の地位にいた。次いで1931年には30万人以上の移住者を管轄するシブラーグ特別移住部長に昇進した。調査委員会での陳述のなかでかれは、自分をこの部署に任ずることによって党が託した「歴史的かつ真に壮大な役割」についてて再三言及した。かれはたしかに――

100万分子を移送し居住させることは一見して膨大すぎると思ったし、率直にそう党地方指導部と同志エイヘに言った。かれはメモを取っていた。はじめて党がわれわれにこんなに壮大な任務をあたえたのだ。夏の2、3カ月でナリム、タルスクのような自然環境のきびしい地方に100万「分子」を入植させるという任務だ。われわれには手段も人材も足りなかったが、躊躇せずにこの重任を引き受けた。なぜなら、党とOGPUからあたえられたからだ。……任務に応えられずに、失敗などできるだろうか。それまでに得られた結果はわれわれに自信以外の何ものもあたえなかった。思い出してほしいのは、シベリアには25年以上前から鉄道があるのに、そのあいだに10万人そこそこがチェリビアンスクから太平洋沿岸にいたる地域に入植しただけなのだ。われわれは3カ月で、ナリム地方だけで20万人の入植を成功させたのだ[10]!

1933年2月中旬ごろ、ドルギフは西シベリア地方にある30の管区の全責任者に宛てて電報を送り、100万人の新移送計画を知らせたが、この「割り当て員数」の内訳にはふれなかった。各管区の長である政治警察官は、それぞれの管区に期待される受け入れ能力と資源にしたがって1万5000人から4万人を「居住させる臨時割り当て分」を受けとったのである[11]。

ここでわれわれはアレクサンドロ＝ヴァホフスカヤ管区でどのように移住作戦が「準備」されたのかを分析してみよう。まさしくこの管区が数カ月後にナジノ島への移送・遺棄という惨劇の舞台になったのだ。

西シベリアの30の管区は、1930－31年に「特別移住者」を管理するために創設された行政単位だが、このうちアレクサンドロ＝ヴァホフスカヤは最北に位置し、最大で（オビ川に沿って300キロ以上にわたり、面積は約5万平方キロ）、この地方の中心都市からもっとも離れていた。トムスクは700キロ上流、ノヴォシビルスクは上流に900キロ以上離れていた。沼沢と森林におおわれたこの地方にはオビ川のたくさんの支流が流れ、そのうちのひとつがナジナ川だった。アレクサンドロ＝ヴァホフスカヤ管区にはオビ川が航行可能な5月から10月に限って船で行くことができた。管区内の主村であるアレクサンドロフスコエには、同管区の約4000人の自由民の4分の1が住んでいた。自由民のうち絶滅寸前のシベリア先住民であるオスチア族が地元人口の3分の1を占めていた。オスチア族は半ば遊牧民として漁業、収穫、伐採を生業としていて、ユルト〔獣皮の移動テント〕とわずかな道具をもって移動する暮らしをしていた。残りの3分の2の地元民はロシア人入植者で、同地方に暮らす2、3世代目として農業、林業に携わっていた。公式資料によるとそのうち30％足らずしか共同組合形態（コルホーズ、漁業）あるいは国家機構（森林開発コンビナート）で働いていなかった。これはかれらの伝統的独立精神と中央権力への不服従をみせつけるものだった。

そのうえ、ナリム地方の他の地区にくらべて、アレクサンドロ＝ヴァホフスキー地区の住民の35％は「発達の遅れた原住民」であり、「社会・経済的観点からとくに未開発」（党地方委員会決議の表現）とみなされていた。[12] この地の果てのさらなる特徴のひとつは、1920年以降、「社会的危険分子」の追放と流刑の地として使われていたことだ。この区域には1932年のおわりには、OGPUにあたえられた自由裁量権によって簡単な行政手段で流刑にされた800「分子」がいた。[13] その大多数は累犯の刑事犯罪者だが、数十人の政治犯が教師、衛生係、会計係その他地元当局が慢性的不足に悩む専門家として働いていた。この「行政的流刑者」（この例外的範疇の正式名称）に、1931年夏の「富農撲滅」第二波にさいして、さらにアレクサンドロ＝ヴァホフスキーに移送された撲滅対象の農民1000人が加えられたのだ。1932年12月には同地区で2864人の「特別移住者」が数えられた。内訳は男性773人、女性774人、12歳以下の子供1039人、12歳から16歳の少年少女278人だった。[14] したがって追放者（「行政的流刑者」と「特別移住者」）は住民全体のほぼ半数を占めていた。かれらはみずから大急ぎで作った十数の「特別村」に振り分けられた。地区行政を担当したのは党地区委員会に事実上従属するソビエト執行委員会だった。党地区委員会を指導したのは、最初は内戦時の党の闘士ニコライ・ペレペリツィン、次いで1932年からはおなじ経歴のアンドレイ・ヴラソフだった。しかし1931年以降、実際には地区の真の「親分」はディミトリ・ツェプコフだった。かれはOGPUの一員で、このとくに荒れ果てた地域で約3000人の「特別移住者」と800人の流刑者の管理責任をもつ管区長だった。

ナジノ島事件調査委員会での陳述で、ツェプコフは自分の出自と経歴を以下のように要約している。

わたしは1924年以来党員だ。社会的出自は農民、当然貧農だ。ボロトニツキー地区カラセフカ村で生まれた。帝国主義戦争時〔第一次世界大戦〕に一兵卒として従軍した。1919年に、捕虜となっていたドイツから帰った。党内でつぎのように昇進した。党員、村革命委員会議長、農村ソビエト議長、地区執行委員会委員、地区執行委員会議長。1931年5月15日以降は自分が設立したアレクサンドロ=ヴァホフスカヤ管区の管区長。過去2年間、管区長として規則を守り、すべての任務を果たしてきた。(15)

モスクワの特別移住局の机上で練られた異常なくらい複雑かつ杓子定規でほとんどがまったく適用不可能な規則の実施が、「特別村」の指揮官に補佐された各管区の長にとっての難題だった。実際のところ上も下も、つまり決定を下す者と実行する者は間抜けではなかった。遵守すべき形式的な規則はかなり緩かった。あとはモスクワの中央が規則的な間隔をおいて、ただし予告なしに「訂正」あるいは「行き過ぎ」その他の「偏向」の非難運動を開始するときに尻尾をつかまれないことだった。

ＯＧＰＵが立案し、政治警察員（チェキスト）の指揮官が実施するとされた特別規則は、「特別移住者」（1933年からは別称「労働入植者」）と「行政的流刑者」にかんするものだった。両者ともに市民権を奪われ、居所を指定され、それは農業協同組合では「特別資格」であり、住みにくい遠隔地方では資源開発を担うことだった。国営経済コンビナートにおいては差別的な労働条件を課せられた。「行政的流刑者」は比較的少数で、1人1人がＯＧＰＵの司法外手続き、さらには通常の裁判で流刑（しばしば収監あるいは強制収容所収容で補足）に処されたが、「特別移住者」はそれと異なり、簡単な行政手続きをへて中央政府の発動した政治的運動（「富農撲滅」、「都市住民の」旅券強制化、「都市の社会的危険分子の浄化」）により、家族ぐるみで強制移住させられていた。

公文書には特別移住局の責任者と担当者が作成した多数の規則の原文が保存されている。これらの書類がしめしているのは、軍隊的きびしさで管理される移住地で、完全にユートピア的で秩序ある制度をつくろうとする偏執狂的意思である。60を下らない条項は詳細をきわめ、たとえば自分の領地で絶対権を握る特別村指揮官に行政、警察、教育、資金、軍事、政治イデオロギー、衛生に関連した無数の権限をあたえた。[16] 指揮官にとくに期待されたことは、

1「特別移住者を国営企業との契約の枠内であれ、特別資格の農業協同組合あるいは手工業協同組合の枠内であれ、生産的で社会的に有益な労働につけること」。企業は理論的には、「特別移住

者」の食糧調達を確保する責任がある。この食糧調達がどんなありさまだったかはすでに述べた。移住者のノルマ、賃金、待遇もやはり「特別」だった。ノルマは自由労働者のノルマの30から50%増しだった。雀の涙ほどの賃金は滅多に支給されなかった。というのは、賃金は理論的には、自分たちの小屋を建設するために移住者に貸与する道具の貸し賃、パイオク、国債、「特別移住者」が理論的には所属する労働組合員の費用を行政が差し引き、さらにOGPUの取り分15%が抜かれるからだ(17)!

2「特別移住局の上層部が立案した以下の経済的目標をすべて達成すること」。種蒔き、耕作、収穫、開墾、木材伐採、干拓、道路建設、その他の作業、それだけでなく「ベリー類、キノコその他の収穫、漁労、地元原料をもちいた手工業製品の製作」。これらは「地方の資源を活用し、特別移住者を労働によって再教育し日常生活を改善する」とみなされた。

3「特別移住者用集合住居の建設を指導すること」。これらの掘っ立て小屋は、移住者自身によって、現行の指令と馬鹿げたほど細かい基準にしたがって建てることを定められていた。たとえば許可される窓とストーブの数(建物の両端にそれぞれ2個)、標準総面積縦24・5メートル、横9・4メートル、天井の高さ3メートル、10家族50人用。また各小屋は他の建築物から少なくとも30メートル離れていること!

4「住民の衛生状態に注意を払うこと。……指揮官は15住居ごとに、男女間仕切りのある浴場1、消毒衛生施設1、……を建設すること。伝染病と獣疫の蔓延を防ぐあらゆる措置をとること。母親と児童の保護に留意すること」

5「特別移住者、とくに青少年の文化的、政治的、教育的発達を促進させること。……指揮官は学校の建設に適切なあらゆる手段を講ずること。自由市民の教師がいない場合には、教育資格をもつか、あるいは十分な教育水準を証明できる特別移住者によって初等教育を確保すること。……指揮官は図書館を設け、特別移住者が新聞購読できるよう手配し、マルクス・レーニン主義と知識(軍事関係を除外)の基礎的原則を普及させる。……ならず者、酒の密造、乞食、売春、麻薬、その他の逸脱行為や社会的異常とたたかうこと[18]」

この汲めども尽きぬ官僚ユートピア文献では当然ながら、「特別移住者」にたいする警察行為と監視が際立っている。警官数(村ごとにせいぜい1人)が足りなければ、指揮官は「特別移住者」のあいだで責任者(ふつうは10世帯ごとに1人)を指名し、逃亡と治安騒乱を報告すると同時に移住者の苦情を伝える役目を担わせる。この措置は集団責任制度で担保されるはずだ。指揮官の権限は罰金を科すこと、全体の利益になる労役を課すこと、そして最高1カ月の投獄刑に処すことであり、さらに当然、重大と判断される事件を司法あるいはOGPUにまわすことであった。集団逃亡を制限し——累犯者は強制収容所送りで罰する——、数万人、国レベルでは数十万人に達する逃亡者を捕えるために、これに手を貸す自由市民に報奨金が払われた。

西シベリア党地方委員会第一書記のロベルト・エイヘをはじめとし、党上層部は「指示は指示にすぎない、実際にはどう指揮官が行動するかが大事である」と認めた。エイヘは1931年10月に党幹部会議で述べている。

管区ではほかのどこにくらべても職権濫用の可能性が高い。……実際特別移住者にたいしてわが指揮官はひとつの固定観念しかない――移住者すなわち敵、富農を押さえつけろ、である。もちろん現段階で特別移住者がわれわれの味方だと言うのはまちがっている。その圧倒的多数は依然として敵である。しかしわれわれはむずかしい使命の前に立たされている。われわれが根こそぎにした敵を、新しい環境のなかで、われわれに歯向かう可能性をあたえずに、労働をとおして償いをさせ、自己改造する可能性をあたえ、かれらを変革しなければならないのだ。これが今年7月に採択された中央執行委員会の決定の意味である。[19]……ところがわれらが幹部、指揮官は、押さえかつ教育せよという二重の使命を理解していない。……かれらは敵に対してはなにをしてもよいと思っている。あらゆる村で、指揮官がしてよいこと、してはいけないことをきちんと書いて貼り出すべきだ。もっとも頻繁な職権濫用の例をひとつだけ挙げる。特別移住者が指揮官に会いにきて結婚許可をもとめるとする。するとかれは、お前が誰それと結婚することは禁じると答えるのだ。この種の濫用は山ほどある。[20]

この演説でエイヘが言及した「濫用」は、すでに述べたように、管区で移住者が毎日の暮らしで経験する現実にくらべれば取るに足りなかった。1931年と32年に党地区書記ペレペリツィンと指揮官ツェプコフがそれぞれ管轄したアレクサンドロ＝ヴァホフスカヤ管区にもどってみよう。1932年1月の長文の報告で特別移住部シュペク某という監査官は、アレクサンドロフスキー地区でおこなわれた野蛮で非人間的な抑圧を弾劾している。この現場の役人が書いているのは人間狩りそのものであって、これに地元役人だけでなく地元民まで参加していた。以下の証言で報告されたできごとは多くの点で、その1年半後にほとんどおなじ場所で起きるナジノの悲劇を予告している。

1931年5月から10月までに社会的危険分子800人近くがアレクサンドロフスキー地区に流刑にされた。同地区にはすでに数千人の特別移送者が到着したところで、そこにさらにこれほど多くの人間を受け入れる用意は絶対にできていなかった。夏季に雇用できたのは多くて150人か200人だ。だから船で連れてこられた流刑者はアレクサンドロフスコエの村から遠くないオビ川の河岸に「せいぜい楽しめ！」の科白とともに放りだされ、運を天に任せることになった。そのなかで積極的な者は、5人から10人のグループをつくり、住民の舟を奪ってオビ川を下り、トボルスクにたどりつこうとした。その他の者はその場に残ったものの仕事がないので、手あたり次第に盗みをはたらき、住民で泥棒の被害にあわない者はすぐにひとりもいなくなった。住民が地元の当局に訴えると答えは「われわれに何ができるというのだ。人手が足りなくてまったくお手上げなんだ。社会的危険分子を捕まえて皆殺しにするから手伝ってくれ」だった。やがて危険分子は当局者を襲いはじめ、党地区書記の同志ペレペリツィンのアパートにまで入りこみ、上着、ズボン、シャツを全部持ち去るありさまだった。そこでペレペリツィンは自分の一存で、全流刑者を集めてオビ川の真ん中にある島に送る決定を下した。かれはアレクサンドロフスコエの村で全党員、全コムソモール〔青年共産同盟員〕、あらゆる活動家を動員した。……一カ所に集められた流刑者は発動機船に乗せられ、島に連れていかれて降ろされた。島には草木の茂みなどはまったくなく、火を起こそうにも起こせなかったことを想起すべきだ。天候は最悪で、雨、寒さ、霜。こんなところにねぐらも食べものもないまま5、6日間放置されたのだ。……一方、アレクサンドロフスコエからわずか4、5キロ離れたところに、捜索されていることも知らない分子が残されていた。ペレペリツィンはわれわれに、船に乗らなかった者はみつけしだい撃てと命令した。3人のコムソモール員、ジュダーノフ、ソコルニコフ、ザグヴォズディンが狩りにでかけた。わたしはいっしょに行くのを断わった。3人は、寒さで焚火を囲んでいた者を5人みつけ、猟銃で撃った。帰り道でかれらはOGPUの同志ドハラトフと警察署長に出会ってこう訊かれた、「で、君ら、狩りの獲物はあったかね？」コムソモール員は「5人仕留めました」と自慢げに答え、犠牲者の遺体のところに案内した。2人の役人は言った、「よくやったぞ、若いの、じゃあシャベルで掘って埋めておきたまえ」。これでおわりだった。

5、6日後、島にいた社会的危険分子は連れもどされて野放しにされた。もちろん飢えていたかれらは野菜畑に殺到し、また盗みをはじめ、家畜を殺した。要するにふたたび地元民を恐怖に落とし入れたのだ。地元の行政機関はといえば、もうなにもしなかった。農民たちは、政権代表も秩序維持に任ずる少数の警察官ももう頼れないとして、社会的危険分子を自分たちの手で片づけようと決心した。

9月のある晩のことだ。日づけは覚えていないが10時から11時ごろにかけて、激しい銃声がたっぷり2、3時間つづいた。「さあて、蜂起がはじまったな」とわたしは思った。翌朝わたしは、社会的危険分子を抹殺しはじめたのが農民だったことを知った。少なくとも遺体の数は18で、わたしはまずそのうち4人を見た。5人目は斧でめちゃめちゃにされながら、まだ息があった。名前はオレホフ。わたしにいえるのは、アレクサンドロフスキー地区で死者の数が大きかったのは確かだということだ。ここで3人、向こうで4人、さらによそでは5人殺したと聞かされた。警察署長の同志カシャリンは他言無用と断わったうえで、森のなかのふだん野生の野鴨を狩る場所で、社会的危険分子15人ばかりが銃殺され、そのとき地区の責任者全員が処刑に手をくだしたと教えてくれた。

　これほど野蛮なリンチ行為の毎日だというのに、社会的危険分子は寒さと飢えのせいで極悪犯罪を犯しつづけた。家畜を盗み、略奪し、凶器を手に襲撃した。そこで地元当局はアレクサンドロフスコエ村から約170キロ離れたナジナ川のほとりに収容所を設け、かれらを隔離することに決めた。わたしはこの収容所の立ち上げの責任者にされた。そこでこの無一物の危険分子たちのために衣類と靴を探した。すべての経済組織をまわって必要な情報を手に入れてから党地区委員会に行き、同志ペレペリツィンに報告した。かれはカンカンに怒って言った、「同志シュペク、あなたはわが国家の政策をまったくわかっていない。これらの危険分子がここに再教育〔矯正〕のために送りこまれたと本気で思っているのか？　いや、ちがう、同志、われわれはうまくやらねばならないとしても、春までには連中全部がくたばるように行動する必要がある。なにか着せるにしても、死ぬまえに少しばかり森の伐採をさせるのに間に合えば十分だ。同志自身、連中がどんなふうにここに送られてきたかを見ただろう。河岸に降ろされたとき連中はぼろをまとって裸同然だった。もし国家が再教育する気だったら、われわれの助けを借りずにちゃんと着るものを着せたはずだ！

わたしはここで、党地区書記同志ペレペリツィンの使った言葉を忠実に再現している。このやりとりのあとで、わたしは収容所を組織することを拒否した。なぜならかれらがそこに送られて、わたしが殺させねばならないことを理解したからだ。わたしは今説明したことを念頭に、すでに遅すぎるとしても、必要な措置がとられるよう要請する。(21)

残念ながら、以上のようなシュペク監査官の手紙に当局がどう反応したかはわからない。ただペレペリツィンが1932年のうちに、シブラーグで前職とほぼおなじ「監査官」の階級で内部異動したことは知られている。地方責任者の交代は、上述の証言に報告されている人狩りとおなじくらい頻繁におこなわれていた。この極東(Far East)にあっては、役人と「活動家」全員は「匪賊」の襲撃にそなえて武装していた。「活動家」とは、数少ないソビエト政府の正規委任を受けた代表、治安当局(機関、組織)に手を貸す党員、そしてコムソモール員のことだ。「自衛」と賞金つき逃亡者狩りのあいだの境目は、危惧されたように曖昧模糊としていた。「村とコルホーズの自警団はしばしば赤い匪賊団に堕落した」と、OGPUのある報告は記している。そこでは例として、1932年8－9月にパラベルスカヤ管区*のトゥングソヴォ村の活動家によって組織された人間狩りを挙げている。(22) この狩りで約15人が殺された。そのなかには「特別移住者」だけでなく、かれらを訪ねてきた親族がふくまれていた。人狩り活動家は犠牲者の衣類と持ちものを山分けし、良いものは自分たちが取り、使い古されたよくないものは協同組合に流した。この取引と、犠牲者の一部が自由市民だった事実が、この事例の場合には調査がおこなわれた理由と思われる。

シュペクの手紙にある、アレクサンドロ＝ヴァホフスカヤ管区に収容所を開設して「社会的危険分子」を隔離する発想は、地元当局の執拗な要請にもかかわらず採用されなかったようだ。[23] シブラーグ指導者は、多数の幹部要員が必要になるため、小さな収容所を増設したくなかったのだ。

ナジノ島の悲劇にかんする調査委員会でアレクサンドロ＝ヴァホフスカヤ管区指揮官ツェプコフ[24]は、状況を制御するには少しでも信頼できる幹部と人員があまりにも不足していたと再三供述している。この管区に配属された人員は実際に監視兵、警察官、会計係、監督官、幹部を全員ふくめて22名だった。そして同数の人員（「特別村」の指揮官10名をふくむ）が管区内に散在していた。したがって合計たった44人で、住民の半分が軟禁された追放者からなる5万平方キロを管理する計算になった。管区で働く44人のうち19人は、実のところなにがしかの資格があるせいで、あるいはただの偶然で雇われた「特別移住者」だった。[25]

ナジノで起きたことを証言して残した稀有な証人の1人、イヴァン・ウヴァロフは、18歳にしてアレクサンドロ＝ヴァホフスカヤ管区で「会計助手」として雇われた経緯を書いている。

クラスノダールで医者をしていたわたしの父は1930年、ノヴォシビルスク地方に住んでいた大戦時の戦友を訪ねることにした。父は「コザック風」のかなり派手な旅支度をし、毛皮で縁取り

＊　この管区はアレクサンドロ＝ヴァホフスカヤ管区から南に約150キロに位置した。

した外套をひっかけ、「クバンカ」風の毛皮帽をかぶり、首のまわりには赤いマフラーを巻いていた。この格好のためにかれはトラブルに巻き込まれたのだ。ノヴォシビルスク近くで鉄道警察に「怪しい風体」を見咎められ、列車から降ろされた。1年というもの監獄をたらい回しにされながら、尋問もされず訴追もされなかった。1931年、かれは最終的にトムスク中継収容所にいた。ちょうどそのころ、ナリム地方の各管区にむけて数千人の撲滅対象の富農が送られていた。父は同行医師として「特別移住者」の資格でアレクサンドロフスコエ村向け護送隊に配属された。アレクサンドロフスコエに着くと、父は逮捕されてからはじめて家族に便りをよこした。わたしが兄のステパンといっしょに父のところに発ったのは、地元当局にまちがいを納得させるつもりだったからだ。到着すると指揮官は「移送者家族の一員」として「特別移住者」の資格でわたしたちも軟禁すると宣告したのだ。わたしは10年生*を修了したばかりだったので、移送者の子供のために開かれたばかりの小学校の教師として配属された。それだけではなく、計算ができ教育があるとして、生え抜きの政治警察員（チェキスト）のキセレフ某という管区会計課長の「次席幹部候補」に任じられた。父はといえば、医者として患者を診つづけた。(26)

この証言は、警察が行きあたりばったりで逮捕し、そのあげく、捕まえられた個人がなんの法手続きも経ず訴追もされないまま強制移住の目に遭うというでたらめぶりを明らかにしている。またこの証言は、特別移住部の部署に多くの移住者を配属させるほど、幹部人員が不足していたことを物語っている。1933年にナリム地方の20管区で雇われていた971人のうち半数近く（480人）が

「特別移住者」だった。[27] 厳密な意味の行政機関以外では500人以上の教師、衛生係、医師、会計係などの「専門家」は全員移住者でありながらナリム地方の諸管区の組織網でそれぞれの専門で働いていたのだ。

アレクサンドロ＝ヴァホフスカヤ管区の責任者は、1933年はじめの「特別移住者の新規割り当ての受け入れ」にどんな準備をしたのだろうか？ 2月6日、ツェプコフ指揮官はノヴォシビルスクの上司から電報を受けとった。それは「河川航行期がはじまったら約2万5000分子を移住」させるよう命じていた。調査委員会での供述でツェプコフはこう述べている。「この膨大にしてほとんど非現〔ママ〕実的な数字にもかかわらず、自分はただちに地区党組織指導部に知らせ、その同意を得て自分を議長とする5人の委員会を設置し、当該の2万5000分子を移住させる場所探しを開始した」[28]。ツェプコフはさらに、この責任者たちは「手練れの狩人」でタイガを知りつくしていると付言した。このような経験が不可欠とされたのは、「管区には地方の正確な地図がまったくなかったからだ」

「委員会」は数日で2万5000分子をオビ川の4本の支流沿いに、アレクサンドロフスコエ村の周り半径200キロにわたり約30カ所に分散させて移住させる「将来計画」を作成した。これは「割り当て移住者を逃亡不可能な沼沢地帯で孤立させよ」[29]との明確な指示に合致するものだった。一度計画が立てられるとあとは実行あるのみだった。アレクサンドロフスコエで一旦下船する移送者を「移住地」まで運ぶ適切な船は、管区にはなかった。実際移送者の一群を運んでくる平底船はオビ川しか

＊　最終学年に相当する。

通れなかった。支流を遡るにはもっと軽い船が必要だったのだ。そのうえ管区には建築材料も道具も食糧も労働力もなかった。「わたしのところの3000人の移住者の4分の3はすでにリブトレスト社*との契約に縛られて回せなかった」とツェプコフは調査委員会で説明した。「残りの移送者はといえば、働ける状態にはなかった。わたしはノヴォシビルスクに何度も、せめてパンを焼く工場と風呂と倉庫を建設するために人手を貸してほしいと頼んだ。シブラーグの同志ゴルシュコフは加勢を送ると約束してくれたが、なにもしなかった。……わたしは船の建造についてクストプロムソユーズ社**と契約を結んだが、そのとき、3月初旬だが、わたしは他の指揮官全員とともにノヴォシビルスクに召喚された。これに3カ月かかった。片道だけで1週間以上を要したからだ」[30]。アレクサンドロ＝ヴァホフスカヤ管区の責任者に任命されてからツェプコフがこの地方の中心都市ノヴォシビルスクに行くのははじめてだった。

地区責任者約30人とシブラーグの全指導部が参加したこの「指揮官会議」については、ツェプコフの証言の他にシブラーグ責任者ゴルシュコフ、特別移住部長ドルギフ、シブラーグ計画部長マケドンスキーの供述が文書で残っている。この会合で指揮官はこもごも「移住計画」だけでなく、前例のない移住者の流入に直面して道具と護送と食糧と幹部要員が必要であることを不満だと述べた。ゴルシュコフは、シブラーグが50万人の流刑者を順調に移住させるために要請した資金と現物のうち、わずかしかモスクワから支給されなかったことを認めた。移送者は西シベリア各地の管区に振り分けられる前に、トムスクに到着する。ところが、トムスクの中継収容所の建設は資金不足のせいでいっこうに進まなかった。議論は、管区が移住者護送機関（レチトランス社）、および移住者の労働力を使う経済開発企業体（リブトレスト、クストプロムソユーズ、ザプシブレストレスト***）とのあいだでたえず起こる緊張をめぐって延々とつづいた。ゴルシュコフはつぎのように宣言した――OGPUが政府に課せられた例外的使命を機に、指揮官の権限をはなはだしく拡大し、移住者護送、移住者労働力利用のあらゆる経済組織とその資源は今後、移住作戦のためにOGPUの管轄下に入る、と。ところが、シブラーグ計画部長マケドンスキーが強調したように「なんであれ、具体的に組織するとなるとまことにむずかしかった。モスクワの計画が朝令暮改だったからだ。われわれのところに移送されてくる分子の推定数が変更されることは2カ月間で9回を下回らなかった(31)」。しかもこの「分子」なる者たちがいったい何者なのか、だれも正確には知らなかった。「会合ではこう言われた。新たな割り当ては前とほとんど変わらず、残りの富農である。つまり家族もちの手強い百姓《ムジーク》であり、わずかな食糧と若干の道具をもっているので、1931年のように一夜にして自分たちの小屋を、たとえタイガの真っただ中に放り出されても建てることができると。ところが送られてきたのは、家族なし、道具なしの都会人であり、裸足でシャツもズボンも着ていないまったく無能な連中だった(32)」。調査委員会で弁明するツェプコフは、責任をもつことになる「割り当て人数の種類」について最後の瞬間まで知らされなかったと繰り返し主張した。この点は上司によって確認された。ゴルツコフの説明によると、「3月

*　リブトレストは国営漁業企業。

**　クストプロムソユーズは手工業協同組合の集合体。

***　ザプシブレストレストは西シベリア最大の国営森林開発コンビナート。リブトレストをふくめて、いずれも移住労働力の最大の雇用者だった。レチトランスは国営河川航行企業でオビ川流域の船全体を統括した。

には割り当て人数のうちわずかが「国内旅券制度化」に関連する都会からの追放者らしいことが薄々わかった。これらの分子をわれわれは密かに「手足なし」というあだ名で呼び、手工業協同組合で縫製のような手仕事をさせようと考えていた。その程度の仕事ならできるはずだった。ところが監獄を溢れさせんばかりに大挙累犯者が送りこまれてきたのだ。そんなことは知らなかった[33]」

4月初旬、ツェプコフがアレクサンドロフスコエ村にもどってみると、留守中にはなにも進んでいなかった。クストプロムソユーズ社とは船の建造契約は結ばれていなかった。理由は食糧調達機関がこの仕事につく労働者に食糧配給を増やそうとしなかったからだ[34]。移住者の新たな流入にたいして食糧の備蓄はまったくなされていなかった。というのは「現行の規則どおりならば3カ月分といわないまでも少なくとも1カ月分の食糧は最低備蓄量として新参者がみずから持参するものと予想していたからだ」

4月のおわりにツェプコフはシブラーグ指導部から、1万5000人が6月末にオムスクから送られてくると知らされたが、詳細は聞かされなかった。「この電報でわたしは気持ちが少し楽になった。シブラーグ指導部はやっと、わたしには労働力が不足していて受け入れ場所を準備する時間がないことを理解してくれた。だから新着者にそなえて、アレクサンドロフスコエ村にパン焼き工場と倉庫を建て、建材を集めるのに2カ月たっぷりあった[35]」

数日後の1933年5月5日、アレクサンドロ＝ヴァホフスカヤ管区の責任者はシブラーグ指導部から、まもなく数千人の「階級脱落犯罪分子」を送ると知らせる電報を受けとるのである。

第4章　トムスク中継収容所で

ＯＧＰＵとシブラーグによると、ゲンリフ・ヤゴダの「壮大な計画」構想にもとづいて西シベリアに送りこむ大量強制移住者は、河川護送で居住指定地に移送する前にまず3カ所の収容所に集めることになっていた。それらはトムスク、オムスク、アチンスクの3都市の郊外の、護送隊の列車から移送者を降車させる地点に設けられる。１９３０－31年の「富農撲滅作戦」の最初の二波をうけて、このシベリア３都市の近郊で貨物駅と川のあいだに横たわる広大な空き地に、中継収容所は建設されたのだ。オムスクはイルトゥイシ川、トムスクはトミ川、アチンスクはチュリム川とのあいだ、いずれもオビ川の支流である。１９３１年秋以降はこれらの収容所は廃用になり、急造バラックは廃墟と化していた。ここでわれわれはこの地方で最大のトムスク中継収容所を取り上げる。１９３３年5月半ばに、この収容所からトムスクの北９００キロ、オビ川上流のナジノ島に移送者を乗せた護送船隊が送り出されたからだ。

トムスク収容所長ゲオルギ・クズネツォフによると、１９３３年3月19日に着任したとき、収容所には「1930年からの老朽化した廠舎がひとつあるだけで、その他のすべての廠舎は半壊状態であり、とても人の住めるものではなかった[1]」。3月20日、西シベリアOGPU全権代表のアレクセイエフは収容所を視察し、6週間以内に8000人用の廠舎を建設し、加えて7000人用のテントを設けるよう命じた。これに71万2000ルーブルが支出された。3カ月で（1933年5月から7月）約35万人がトムスク収容所を中継し、1日に4000人が最終移住地にむけて送りだされる予定だった[2]。

シブラーグ責任者ゴルシュコフは、モスクワのグラーグ責任者ベルマンに4月7日付電報でこう上申している。「扱う集団の規模が大きいから、隘路を避けるには作戦全体を完璧に調整する必要がある」。日程を左右するふたつの要因があった。5月1日以前には廠舎の建設を完了できないことと、地方気象局の予報ではシベリア河川の解氷が4月末になることだった。したがって西シベリアの諸管区にむけて河川で移送者の集団を向かわせるのは5月8日からになる。そうなるとこの河川護送を実施するには、割り当て移送者集団の到着は、OGPU輸送部の計画する5月はじめより遅いほうが望ましかった。ゴルシュコフは強調している、「この時点でわれわれは、いつ、どこから護送隊が到着し、何人を中継収容所に収容するかを明示する正確な情報を、モスクワから依然として受けとっていなかった。これではわれわれとしては、河川運航会社レチフロートに対し、特別移住者の護送作戦について正確な指示をあたえられなかった。信頼にたる規則的な情報の欠如は移住計画全体を危険にさらした[3]」。1週間後ゴルシュコフはベルマンに、つぎの新しい電報を送った。「度重なる要請にもかかわらず、移送者護送隊、必要とされる時間、到着日、割り当て人数、あるいは、いっしょに護送されるはずの道具、食糧についての情報をわれわれはいまだに受けとっていない。われわれはいまだに、計画の権限授与書と、移送作戦第一段階用2万トンの穀物クーポンを受けとっていない。第二段階用の2万トンについては計画も備蓄もされていない。その他の産品についても同様である。……このままでは、われわれとレチフロートが苦心して練りあげた護送計画はぶち壊しになる恐れがある。資金、食糧、予算承認がなくてはわれわれの管区責任者が最終移住地に移送者を満足のいくかたちで受け入れるのは不可能だ(4)」

そのかん4月9日に、移送者の最初の護送隊がトムスク中継収容所に殺到した。しかし廠舎の建築は完成にはほど遠く、収容所の食糧準備はいまだに整わず、「最終移住地への移送」のめどはたたず、河川は結氷して航行は不可能だった。4月9日から30日までの3週間に、ウクライナ、北カフカス、ヴォルガ地方、黒海保養地、モスクワ、レニングラード(5)から2万5000人以上の移住者が汽車でトムスクに到着した。収容所当局によると移住者の4分の3は「農村分子、富農、自作農、農業集団化反対のコルホーズ農民」、残りの4分の1は「都市犯罪者と階級脱落分子」だった。

飢饉で荒廃したウクライナ、北カフカス、ヴォルガ地方からやってきた「割り当て移送者の状態」について、受け入れを担当する地方・現地の責任者が送った報告書は、計画とはまったく異なった現実を記録していた。移送者の大多数は飢え、急遽移送されたために半死半生の状態で到着したのだ。

シブラーグの責任者はモスクワにつぎのように報告した。「トムスクとオムスクに4月18日と5月14日に着いた割り当て移送者の衛生状態についてわれわれが把握している情報は憂慮すべきものだ。移送者集団はなんらの協議、計画もなく送られてきている。

かれらのほとんど全員が痩せ細り、急性胃腸疾患で苦しんでいる。すでに若干のチフス患者を認めている。道中温かい食事をほとんどあたえられていない。あたえられたとしても、いつも不十分だ。熱い湯がない。護送される移住者集団は乗車地点で徹底した防疫上の消毒をうけていなかった。これが到着時の寄生虫とシラミの蔓延ぶりを説明している。全体として護送組織には出発時と途中の行程時にも欠陥がある。こうして4月14日にバタイスク(北カフカス地方)から目的地トムスクにむけて出発した護送隊には、ソチで「監獄過密状態の解消」運動の結果放出された200人が加わった。この200人は乗車時に15日間の行程分として1日あたり400グラムのパンが配給された。当然ながら最初の3日間で全量消費され、残りの日程ではなにも食べられなかった。かれらはガリガリに痩せ細ってトムスクに到着した。5月6日にクシェフスク(中部ヴォルガ地方)から到着した護送隊は、出発時にその8割がひどく痩せていた。このときの移送者の半数は到着時には半死半生の状態で、そのほとんどは即刻入院手当てを必要とした。(6)

その他多くの公文書に雄弁な証言が確認できるが、なかでも「行程日誌」は最低限、つぎの4つの数字を記録している――乗車した移送者数、行程中の死亡者数、痩せた人数の割合(%)、シラミにたかられた人数。バタイスク発、4月30日トムスク着の護送隊では、10日間の行程で死者62人、「到着時大多数(90%)は護送中1日300グラムのパンをあたえられたのみで個人的な食糧の携行がなく痩せ細っていた……」(7)。やはりバタイスクから5月6日に到着した護送隊では、行程での死者69人、到着時400人が半死半生状態だった。[8] バタイスクは、北カフカス農民の移住のための護送隊のおもな編成地だった。リチェヴォ（中部ヴォルガ地方）出発の護送隊では、行程で死者78人、「出発地点での防疫消毒皆無の結果100%にシラミがわいている」[9]。北カフカス地方からの移送者計1万185人からなる護送隊の集計調査によると、行程死者数は341人で、これは3・3%である。[10]……後述するように護送隊の「行程日誌」の数字データはしばしば不完全、かつ時としてなかったりするが、あっても短かった。それらは現実の一部しか反映していなかった。

護送隊が到着すると、地元当局はすぐさま3つの問題に直面した。「半死体」をいったいどうしたらよいか？ 中継収容所は建設中で、40床足らずの簡易診療所1カ所しかなかった。チフスの発生をどう予防したらよいか？ 全体として収容所の収容能力の5倍から6倍を超える移送者の強制的中継を、数週間にわたってどう実施したらよいか？ 4月後半の2週間にトムスク中継収容所が提供した統計によると、500人以上の移送者が到着後に死亡している。つづく2カ月（1933年5－6月）にさらに1700人が死亡した。そのほとんどは「肉体の全体的衰弱の結果」だった。おなじ情報源によると、収容所を通過した総計40万6988人のうち「病人」として数えられた1万1788人は「トムスク中継収容所付属シブラーグ医療施設」で手当をうけた。[11]「収容所の医療施設」の実態を知っている者にとってこの数字はいかがわしい。

だれもが驚きかつ喜んだのはあれほど恐れたチフスが、移送者の情けない衛生状態とみすぼらしい廠舎に詰めこまれたにもかかわらず発生しなかったことだ。しかしチフスの脅威は依然として迫っていた。痩せ細り消耗した移送者がナリム地方の遠い管区に散り散りに振り分けられた瞬間から病気が伝播する危険があるのに、地元当局はかれらを即刻出発させて中継収容所を閉鎖したいと懸命だった。調査委員会での陳述でゴルシュコフは、「飢えた伝染病患者」の護送隊がトムスク市の門前に大挙到着したときに市当局を襲った「パニック」について語っている。

党とソビエトの組織は猛烈なパニックに襲われた。護送隊がひどい状態で到着したのは確かだ。ここに衛生状態についての報告を持参したので見てほしい。数字はほんとうに恐ろしいものだ。OGPU事務所だけではなく党地方委員会、党市委員会、ソビエト地方執行委員会も、モスクワに抗議した、「なんでこんなひどい状態でわれわれのもとに送りこんだのか」と。モスクワの答えは、断固として冷静に対処せよ、住民の不安をあおるな、噂をやめさせよ。これだけでは、文字どおりパニックに陥った党組織、ソビエト、コムソモールを安心させられるはずがなかった。深刻な脅威だったことは認められるべきだ。わたしが軍に勤務した経験に照らすと、護送隊でチフス患者が出たら、即刻21日間完全隔離する必要がある。わたしはすぐにOGPU全権代表事務所に出向いて警告した。ポルプレド*はわたしの言い分を聞かなかった。「できるだけ遠くに送り出してしまえ、新しい護送隊が毎日到着しているんだ」。つぎに地方執行委員会の同志レシコフに会いにいった、「50%、60%以上がシラミにたかられているというのに、かれらを送り出せると思うのか?」レシコフからもおなじ返事だった。「できるだけ早く送り出せ。市をきれいにしなければならない。トムスクを解放しなければならない!」[12]

そのかん状況は改善されなかった。川は閉鎖されたままで航行できなかった。レチフロート社が確約した平底船も入手できなかった。だがそのあいだにも護送隊の流入は加速したのだ。4月9日に2隊、11日に2隊、13日に2隊、20日に2隊、24日に3隊、27日に2隊、30日に2隊。2万5000人近くの移送者が一時に集中したために生じた混乱は、5月2日付のゲンリフ・ヤゴダからの電報でさらに深まった。それは、4月の下旬に黒海の保養地ソチとトゥアプセ、それにカフカスの温泉地ミネラルニエ・ヴォディとキスロヴォドスクから到着した5つの護送隊の「徹底的な調査」を命じていた。ヤゴダによると、入手した情報ではこれらの保養地の町の浄化作戦が「指示に合致していなかった」[13]からだという。ここで思い出されるのは、4月4日に政治局が強制移住の全体計画と関連してつぎのような特殊な決議を採択したことだ。「10日以内にソチ、トゥアプセ、ミネラルニエ・ヴォディから、保養地を汚染している反革命的寄生階級脱落分子5000家族を即時追放し強制移送すること」[14]。この案件は迅速に処理された。4月15日には総勢1万2214人からなる8護送隊がすでに西シベリアにむけて、5護送隊はトムスク、3護送隊はオムスクとアチンスクを目的地として、列車で出発した[15]。迅速過ぎたのかもしれない。OGPU指導部が保養地当局の犯した多数の「行き過ぎ」その他の「偏向」について知らされたのは、たぶん不当に移住させられた人びとの近親者から出された苦情のせいだろう。そのなかには共産党員もいた。なぜOGPU長官は4月27日から30日のあいだにトムスクに着いた第15護送隊から第19護送隊に限定して調査を命じたのか、その理由は特定できなかった。いず

＊ Polpred. OGPU全権代表部責任者の略語。西シベリア地方全権代表はアレクセイエフだった。

れにせよ、およそ6500人の移住理由の正当性についての調査は5月6日にはじまり、3週間以上つづいた。5月16日、OGPU西シベリア全権代表アレクセイエフはゲンリフ・ヤゴダ宛に調査の最初の結果を長文の覚書で詳細に報告した。[16] 調査は「信じがたいほど多くの手抜かりと濫用」の実例を明らかにしたとアレクセイエフはヤゴダに書いた。

良き役人としてアレクセイエフはまず「書類と規則手続き全体のお粗末きわまりない行政的扱い」をやり玉にあげた。

トゥアプセからの護送隊はトムスクに規則どおりの書類をもたずに到着した――移送者の身上調書もなければ、名簿もなく、個々の移送者がなんの理由で強制移送となったのかがわかる資料もない。ソチからの護送隊は名簿をもって到着したが、これには名簿作成当局の署名がなかった。これらのまことに不完全な名簿には移送者総数の3分の1そこそこしか網羅されておらず、しかも多くの名前には線が引かれて抹消され、さらに名前の40%には「移送の理由」の欄が欠けていた。ピアチゴルスク、キスロヴォドスクからの護送隊は正規の書類をもたずに到着し、粗悪な包装紙に鉛筆で書き殴られたいくつかの名簿は判読できなかった。しかもどの役所の印も押されてなかった。こんな書類にもとづいて列車搭乗人数、行路逃亡者数・死亡者数を正確に明らかにするのは不可能だった。[17]

これは重大な指摘であり、上記の行路死亡者数の数字を疑いの目でみるよう要請していた。OGP

U西シベリア全権代表アレクセイエフはさらにつづけている。

移送者の大部分は食糧、身の回り品をもたずに到着した。本件についてあたえられた指示に反して、たまたま市場や駅や路上で検挙されたとおぼしき人びとは、家にもどって必要な身の回り品と食糧をとる時間も許可もなかったとみえ、検挙時の着の身着のままで到着した。

10日後、強制移送の正当性を確かめるべく設置された統制委員会は、調査対象となった移住者の約20％、つまり640人が「まったく労働に不適格な老人、身障者、知的障害者、盲人」[18]であることを明らかにした。この移住者の大部分（640人中480人）は50歳から60歳だったが、109人が60歳から70歳、32人が70歳から80歳、19人はなんと81歳から110歳だった！

検挙者がひとり暮らしや身障者の多い高齢者でかたまっていたのは、公共の場所、駅、市場だけではなく施設でも「過剰収容を解消」し、「できるだけ遠方に追いやることでお荷物を降ろす」目的でこの検挙が大規模に組織されたことで説明がつく。アレクセイエフがOGPU長官に送った覚書には、例外的ながら、トムスク中継収容所で撮影されたソチ、トゥアプセ、ピアチゴルスク、キスロヴォドスク、ミネラルニエ・ヴォディの町から来たやつれた老人移送者全員のアルバムが添付されていた。それらの写真についていた短い注釈あるいは説明の典型的な例を挙げる。

マルク・ペレヴァロフ、103歳、「ピアチゴルスクからの護送隊で移送。人物と汽車に乗ったと

きの状況の解明は不可能だった。立てない。老衰している。話せない」(写真)
エフドキア・コテルニコヴァ、85歳、「身寄りなし。立てない。半裸で寝たきり。腐臭を放つ半死半生。話せない、動けない」(写真)
エリザベータ・ゾロタレヴァ、81歳、「身寄りなし、ひとりで歩けず。元工場主、元売春婦だとの口実でキスロヴォドスクから追放」(写真)
タティーナ・スタリスカヤ、78歳、身寄りなし、「ソチから追放、元家主、金利生活者」(写真)
マトリオナ・エレメンコ、71歳、「寄生分子としてトゥアプセから移送、身動きできない身障者」(写真)
ニーナ・キルシュ、74歳、「ソチから知恵遅れの息子を連れて移住、身障者」(写真)
グリゴリ・チコフ、53歳、「盲目、乞食、自称貧農出身、寄生分子としてエッセントゥキ温泉からの移送」(写真)
アレクセイ・オストロヴェンコ、69歳、「身障者、おなじく身障者の妻とともにピアチゴルスクからの移送。自称守衛として働く。夫婦ともに松葉杖なしには歩けない」(写真)
エリザベータ・シェレポヴァ、91歳、「身障者、おなじく身障者で63歳の娘とミネラルニエ・ヴォディから移送。移送理由は、つねに他人の搾取から得られる収入で暮らしてきた元商人であること」(写真)
イウヴェリナ・ペレファリアン、75歳、「ソチから聾唖者の息子と移送、理由は商人、牛の乳を搾って得た収入で生活」(写真)。アパートのおなじ一室で同居していた隣人もいっしょに移送された。誤って親族とみなされたからだ。
ミロン・コロテンコ、76歳と妻75歳、「両人とも身障率90%、ミネラルニエ・ヴォディから移送。理由は市民権剥奪。仮病をよそおい、コルホーズ労働を拒否した寄生分子」（写真）

名簿はこれくらいで十分だろう。検挙作戦に携わった警察当局が大急ぎで埋めた「強制移送理由」の欄には、保養地を（当時の用語でいえば）「汚染している」身障者と無用な個人を乱暴に追放するのを正当化するために、いくつかの決まり文句が繰り返し使われている。「寄生」「労働に無縁な行為から得られた収入」「過去の人間」（元地主、金利生活者、旧政府職員など）[19]の範疇に所属。この決まり文句は総じて市民権を剥奪された市民の関係書類に見いだされるものだ。

OGPU西シベリア全権代表はさらに他のグループについても指摘している。「数合わせとか課せられた任務を手早く片付けるためとか、確かめていない密告にもとづくなどたまたまおこなわれた一斉検挙の過程で、数百人が不当に移送された」。この指摘につづいて、際立って特徴的とされる実例を挙げる長い名簿が付されていた。そのいくつかはつぎのとおり。

M・アロフィモヴィッチ、32歳、「妻と9歳の娘とともに移送、理由は1931年にタバコの闇取引をした」
アンドレイ・アレクセイエンコ、57歳、「機械工、ソチから移送、理由は自分の持ち家があり、かつて小さな書店を所有していたこと」

ディミトリ・シンチアプキン、44歳、「中央アジアからトゥアプセに来た肉体労働者。家族を中央アジアに連れもどすつもりだったが、市場で買い物していて検挙され、そのまま護送隊に組みこまれ、家族を残したままで移送された」

ピオトル・ツアリ、51歳、「仕立屋、ソチからの移送者。娘は党員、その連れあいも党員で外交官として外国駐在中。移送理由は自宅を所有していたから」

M・リフシッツ、62歳、「年金生活者でソチから移送。37年間数学教師。息子の1人は党員、レニングラードで技師、もう1人の息子は数学教授。移送理由は寄生分子」

マリア・ラヴリコヴァ、35歳、「ソチ、リヴィエラ・ホテルのウェイトレス。自己申告によると夫はアムール地方で大隊長、赤旗勲章を2度授与されたという。71歳の父親、70歳の母親、22歳の弟といっしょに移送、理由不明」

N・フヴァデジア、45歳、「理由なくソチから移送、夫は党員、党員章番号1646240、ジョージア共産党中央委員会に出張していたときに一斉検挙にあう」

ポポヴァ、30歳、「姪に会うためトゥアプセ駅に行き逮捕される。港で労働者として働く。寄生分子とはまったく無縁」

ナタリア・バラバノヴァ、「ソチ市場で一斉逮捕の目にあい、即座に出発直前の護送隊に合流させられた。夫は港湾労働者。かのじょの帰宅、夫との連絡、乳飲み子1人をふくむ3人の子供の呼び寄せ、などすべての願いは却下された。逮捕後数週間が経ちながら、家族のだれもかのじょの身の上に起きたことを知らない。逮捕の理由は不明。あらゆる仮定を立てた挙句に、バラバノヴァは市場でいかがわしい男からイルカの脂を買ったせいで逮捕されたと思いこんでいる」

エフゲニア・マルコフキナ、18歳、「トゥアプセから17歳の妹と13歳、5歳の弟といっしょに移住、理由は1931年に死んだ父親が悪質な商人だったこと。5歳の子は途中で死亡、だれも護送隊を離れることを許さなかったので、遺体は窓から投げ捨てられた」

ヴェラ・ミロシュニチェンコ、「党員、党員章番号1471366。階級脱落分子として移送されようとしていた前夫のアパートに自分のものを取りにいって検挙、移送。抗議したにもかかわらずミロシュニチェンコは前夫といっしょに乗車させられ、家にもどって身分と党所属を証明する機会をあたえられなかった」

以上引用した約30例のうち最後の1例だけには、OGPU長官が鉛筆で欄外にふたつの感嘆符!!と、そのあとに疑問符を書きこんでいる。[20] なぜこの例に限ってヤゴダはことさら関心を惹かれたのだろうか? なにが問題なのか? 答えはひとつ、おそらくこの長い権力濫用の一覧表では、唯一党員にかかわる実例だったからだ。

政治警察の職員の考え方で標的とされ、追放されるべきとされた「範疇」(反革命的寄生階級脱落分子)が非常に流動的だった事実に照らすと、「不当な」移送とそうでない移送のあいだの境界線はいったいどこにあったのだろうか。護送隊の調査をおこなった捜査官が指示に「整合」していると判断した具体的な追放例を挙げていない以上、それを正確に知るのは不可能だ。しかし2種類の追放・移送は明らかに「不当」と判断された。すなわち特別移住者の社会で「無駄食い」か「お荷物」になる働けない老人や身障者と、「社会的にソビエト権力に近い」と判断された個人、すなわち労働者、党員、あるいは党員家族である。

アレクセイエフは報告の末尾で、「指令違反」だった移送家族と個人はたったの（原文通り）*92８人と見積もっている。これは、報告が書かれたその日に調査対象になった黒海とカフカスの保養地から移送された5護送隊の約6500人の一部だったのだから、数字としては大きかった。1カ月後の調査の結論によると「調査された」6663人の移住者のうち51%が不当な追放の対象だったとして釈放されたようだ。ところが釈放されたものの、12の「特別管轄」都市（モスクワ、レニングラード、キエフ、オデッサなど）にもどっても定住する権利はなかった！**他方、シブラーグ責任者アレクセイエフは「調査された」過半数が高齢者か身障者で、そのうち375人が「シブラーグ・トムスク収容所病院」で死亡したと明言している。[21] 残念だが、トムスクで「釈放された」移送者のその後については知られていない。いったいかれらはどうなったのだろうか？　帰還の禁止をものともしなかったのか？　それともシベリアで生活のやりなおしをはかったのだろうか？　ひとつ確かなことは、是非はともかくとして、ある日警察の網にかかったために根無し草にされ、余計者にされ、怪しい者にされた「分子」の大群がさらに増えたことだ。

調査委員会の場でオムスク中継収容所長クズネツォフは、カフカスの保養地の町からの移送者を数週間にわたって「身元調査する」ことがどれほど甚大な「組織的混乱」と「混雑」を収容所にもたらしたかを説明した。というのも、それは他の分類の護送隊（モスクワとレニングラードの「階級脱落分子」からなる）が大挙送りこまれ、あわただしく西シベリア最悪の環境にある僻遠の管区、アレクサンドロ＝ヴァホフスカヤにむけて「適切な準備」なしに送り出されようとしているときだったのだ。

最初の護送隊の635人は5年以下の刑に処された犯罪者からなる「労働入植者」で、4月18日にモスクワから到着したが、この護送は「監獄過密状態の解消」運動と連動していた。[22] これにつづいて4護送隊が到着した——レニングラードから4月20日に、モスクワから4月27日に、つぎの2護送隊（1つの隊はレニングラードを4月29日に出発、もう1つはモスクワを4月30日に出発）は5月10日にトムスク収容所に到着した。[23] すでに満員だった収容所は6000人以上の「階級脱落分子」を3週間で受け入れた。階級脱落分子という用語で当局は実際にはまったくちがった2つの分類をいっしょにしていた。監獄から移送された既決のふつう犯罪者と一斉検挙で逮捕され「国内旅券制度」の施行との関連で移送された「モスクワとレニングラードを汚染し非合法で暮らしていた寄生分子、浮浪者、乞食」である。OGPUの計画では1933年に約6万人の階級脱落分子がモスクワから、4万人がレニングラードから移送されることになっていた。*** 4月後半（5月1日開始予定を「前倒し」）に西シベリアに着いたおよそ8000人（約6000人がトムスクに、2000人がオムスクに到着）は監獄の「過密状態を解消」し、「特別管轄」都市を優先して浄化する広範な作戦の成果とされる、最初の移

---

* ロシア語で semei i odinocek. この表現では該当者数をおおまかにでも評価することは不可能だ。ともかく数週間後に作成される最終報告で確認されるはずの移送者数の少なからざる割合である。

** この居住禁止措置を役人の隠語では「マイナス12」〔マイナスの数字は居住禁止の都市の数を示し、刑罰のひとつ〕という。

*** 本書、64ページを参照。

送・追放割り当てだった。この作戦は前述のようにそれ自体は1933年2月にOGPU指導部が立てた移送の「壮大な計画」の一部をなすにすぎなかった。

都市の「階級脱落分子」が予想より早く大挙流入するとの知らせで、OGPUのシベリア指導部はパニックに見舞われた。そして5月3日、ゴルシュコフはグラーグ責任者マトヴェイ・ベルマンに電報を打ち、「都市階級脱落分子」が西シベリアの孤絶した管区に労働入植者として送られてくれば、かれらは適応もできず更生もできないだろうと、最大限の疑念を表明した。ゴルシュコフはこう説明した――敵対的な自然環境で生き抜くことに慣れている富農と、ふつうの労働はおろか農作や森林伐採にいたってはまったくできない「都市階級脱落分子」とをおなじように扱えるはずだというのは幻想にすぎない。かれらを「特別村」に送り、「古い特別移住者」と地元住民に接触させたりすれば重大な事故の発生は避けられない[24]。シブラーグの責任者ゴルシュコフはさらに言葉をついだ。5月はじめに解決案を提案したが、受け入れられなかった。それは「脱落分子」の約25%と推定されるいちばんまともな者を労働収容所に直接送り、残りを釈放するという案だった[25]。OGPU西シベリア全権代表は他の「解決案」を出し、これまた退けられたが、それは、社会主義のショーウィンドウたる主要都市が厄介払いする「階級脱落分子」の大規模管理に直面した地方指導者の窮状をまざまざと見せつけるものだった。5月15日、アレクセイエフはゲンリフ・ヤゴダに長文の電報を送った。

本日われわれは男性を主体（92%）とする7985人の社会的に有害な都市階級脱落分子を受領した。その大部分は30歳以下、ぼろを纏い、裸足同然、なんの能力もなければ労働意欲もなく、多くは梅毒に罹患している。わたしは事前の資金・生産手段貸付を前提とする通常の組織――特別共同組合――で、ましてや個別農場で、かれらを就業させてもなんらの投資見返りは保証されない事実を強調する。集団脱走を阻止し、すでに移住している労働入植者と地元住民から有害な階級脱落分子を隔離するために、われわれはかれらを北部の最遠隔地に送り、特定の場所に振り分け、とくに問題のない地域から監視兵と要員を引き抜いて増強しなければならない。社会的に有害な階級脱落分子には、他の労働コミューンに適用される制度とはちがう制度が適用されるべきだと考える。OGPU労働コミューン*という解決案を試すこともできよう。いずれにしても西シベリアの農業開発が至難であり、階級脱落分子をこの開発事業にはまったく使えないという事実に照らして、わたしはこの種の割り当て移住者を今後送らないよう強く要請する。わたしの電報が提起するすべての点について、貴官の決定を電報でいただきたい。(26)

モスクワの回答には2週間を要した。5月27日、モスクワのグラーグ責任者はノヴォシビルスクにつぎの電報を送った。

貴官に新たな階級脱落分子の割り当てを送る予定はない。繰り返すが、この種の分子を貴官に今後送る予定はない。これらの分子を孤立した遠隔地に移住させるとの貴官の提案に同意する。……

＊ OGPU労働コミューンはきわめて少なかったが、1920年代はじめにさかんだった「労働による犯罪者更生」というボリシェビキ・ユートピアを1930年代に「焼きなおし」たものだった。若い犯罪者、捨て子、浮浪者を対象とした。

おそらく至急収容所を組織し、そこに階級脱落分子と社会的有害分子を入れなければならないだろう。労働コミューンという解決はわれわれには適切とは思われない。(27)

グラーグ幹部たちのこれらのやりとりから、かれらが「階級脱落分子と社会的有害分子」をどうしたらいいかわからなかったことは明らかだ。そのあいだにも、この種の移住者の護送はつづいた。モスクワを6月6日に出発した1754人の階級脱落分子の護送隊が、6月17日にトムスク中継収容所に着いた。到着のどさくさにまぎれて204人が脱走した。(28) 数日後、地方責任者はゴルシュコフとアレクセイエフの共同署名で、モスクワのグラーグ最高責任者に新しい電報を送った。

階級脱落分子の強制移住について先般あたえられた確約にもかかわらず、また受けとった情報にもかかわらず……われわれは依然として主として家族のいない階級脱落分子、累犯者を受領しつづけている。貴官の5月27日付の電報のあと、6月ひと月だけでモスクワからさらに5680人を受領、うち3744人はおもに家族のない累犯者が主体だ。家族移送についての情報にもとづいてわれわれが立てた計画は全面的にやりなおさざるをえない。階級脱落分子と累犯者の予期せぬ無計画な流入は、わが地方開発計画全体を危機にさらしている。……われわれは貴官に対し、この種の移送を終了させるよう、あらためて強く要請する。(29)

西シベリアの「ボス」、ロベルト・エイヘも黙ってはいなかった。政治局に抗議し、「地元住民を恐怖に陥れる犯罪分子にたいする闘争」のために、きびしい抑圧権限を付与することと、西シベリアへの「階級脱落分子」移送の即時停止とを要請した。[30] スターリンはゲンリフ・ヤゴダに説明をもとめた。OGPU長官の答えはこうだった。

実際、本日までにモスクワとレニングラードから約1万7000人の階級脱落分子が西シベリア、とくにナリム地方に送られた。OGPU全権代表はこれらの分子を同地方でもっとも遠く孤立した地域、トムスクから1000キロ離れたアレクサンドロ＝ヴァホフスキー地区に収容所が開設されるまでしばし厳重な監視下で居住させることを選択した。これは正しい決定だ。……特別管轄都市からの階級脱落分子の移送を停止することは望ましくない。なぜならこの類の人間を移住させる場所として、アレクサンドロ＝ヴァホフスカヤ管区より他に適当な場所をみつけられないからだ。[31]

OGPU長官がこの一文を書いていたまさにそのとき、ナジノ島で起きたばかりの事件のうわさが、地元責任者がその拡散を防ごうとしたにもかかわらず、西シベリアOGPU全権代表のもとに届いた。モスクワにはまだ届いていなかった。

ここで話を、1933年4月なかばから5月はじめにモスクワとレニングラードからトムスク中継収容所に着いた「社会的に有害な階級脱落分子」にもどそう。かれらも、5月14日からアレクサンドロ＝ヴァホフスカヤ管区に送られる運命にあった。これらの「分子」とは何者だったのか。どんな状況で逮捕され、トムスクに送られたのか。
かれらについての信頼すべき正確な情報は、じつはほとんどない。当然である。シブラーグ上層幹部がレニングラードOGPU全権代表ザポロジェッツに送った電報にはつぎのように強調されていた。

レニングラードからの第744護送隊は、特別労働村に送られる人間の移送についての指令042−33号に全面的に違反したかたちで到着した。誰ひとりとして自分についての書類をもっていない。特別労働村への移送を理由づける決定の写しもなければなんの書類もない。署名も印もない、まことに不完全な名簿がいくつかあるだけだ。それに貴官からシブラーグに送りだす人間の数、出発日、護送隊の構成（単身者か家族か）について連絡がなかった。(32)

黒海の避暑地から送られてきた護送隊について前述したように、この種の「手続き違反」は頻繁にあり、モスクワからあわただしく送りだされた「階級脱落分子」の護送隊にはとくに当てはまった。トムスク中継収容所長が調査委員会で陳述している。

鉛筆で書き殴られた不完全極まりない名簿からなんとかみつけだしたごく少ない姓だけが、実在の人間と合致した。つけ加えて言わねばならないが、モスクワのこれら階級脱落分子が事を紛糾させた。各自が20もの姓とまたそれだけの名をもっていたのだ。だれも点呼に答えなかった。収容所到着時、出発時、管区への送りだしのさい、人数を何度も数えることしかできなかった。なんの書類もないのだから氏名はしじゅう変わった。かれらが脱走しても逃亡者の氏名は不詳なのだから、きちんとした報告は不可能だった[33]。

シブラーグ特別移住部長ドルギフは、この名なしの人びとの区別のつかない群集の特徴をつぎのように述べていた。「ナジノ島に割り当てられたのは社会の屑、最低の階級脱落分子、都市の最悪の社会的有害分子、泥棒略奪殺人も平気の犯罪者たちだった[34]」。だがこの割り当て分を担当したほとんどのOGPU職員は、異なった3種類に分類した。3分の1は「札付きの犯罪者」とみなされた。半分は浮浪者、乞食、こそ泥、ならず者で、あるシブラーグ監督官は「物乞いしたり、泥棒したり、インチキしたりする、ひと言でいえば勤労意欲ゼロ、他人に寄生する住所不定者で、社会主義社会になじもうとしない輩[35]」と説明した。第3の種類（約15%）は政治警察員みずから認めているとおり「たまたま一斉手入れで捕まり移送された人たち」で、首都に職探しや必需品を買いにきたコルホーズ員や季節労働者、他にたまたま旅券を携帯していなかったモスクワ市民やレニングラード市民だった。

実際には、ナジノ島に6000人の「階級脱落分子」が移送・遺棄されてから3カ月が経ち、ナリム地方党委員会教育宣伝係で新聞記者のヴァシリー・ヴェリチコの調査によってはじめて、この無名の集団からいくつかの名といくつかの証言と、いくつかの身の上話が明らかにされた。それは、ヴェリチコがナジノ島で起きたことを書いた長い手紙をスターリンに送ったからだった。党地方高級幹部マクシム・コヴァレフを長とする調査委員会が1933年9月中旬、つまり事件後4カ月を経てやっと設立されたのである。現地に急派された委員たちはシブラーグのおもな責任者の陳述を集め、この多くの人命を奪った移送・遺棄にいたる経緯を解明し、関係者の責任を明確にしようとした。同時に、まちがって移送されたと主張する数百人の生存者の論拠を確かめねばならなかった。どんなに不完全であっても、ふたつの調査、つまりヴェリチコの調査とコヴァレフ委員会の調査がおおまかに明らかにしたのは、１９３３年4月末にモスクワとレニングラードで移送目的でおこなわれた一斉手入れで捕まった人びとのおもな種類と、追放がおこなわれた特定の状況と、そして適用できる法の不在と恣意的な警察の行動を特徴とする事態だった。

西シベリア向けの護送隊に組みこまれた約８０００人のうち、約３０００人からなる第一団は、数カ月前に逮捕され1年から数年の収容所送りの刑に処された囚人からなっていた。シブラーグの職員に「札付きの犯罪者」と決めつけられていたが、かれらはどちらかといえば軽犯罪者で若かった（大部分は16歳から30歳）。その多くは累犯者で、おもに窃盗、不良行為、「投機」（欠陥製品の再販）、隠匿その他の小さな不正行為で罪に問われていた。１９３２年夏以降の有罪判決の増加と刑期の延長は、短期刑の囚人がたいてい送りこまれる監獄と労役場を「混雑」させていた。ここから、かれらを労働村に大挙移送する発想が生まれた。

さらに人数の多い第二団は、警察によって国内旅券制度と「特別管轄」都市居住権にかんする新規則の違反で一斉拘束された人びとの群れだった。かれらは住所不定、乞食、放浪者その他の「社会的有害階級脱落分子」であり、上述のようにあいまいで流動的な輪郭をした群れだ。しかしヴェリチコとコヴァレフ委員会が、数百例のうちで「恣意的かつ不当な移送」として「とくに特徴的」だとする52例がしめすように、書類を家に置いてきたにすぎない人びとやモスクワあるいはレニングラードを通過中だった人びと、労働証明書その他の書類を持っていたにもかかわらず農民と季節労働者を警察がためらわずに逮捕、移送したことは明白だった。「旅券必携」地区で身分証明書を持たずに職務質問された人は全員そのことだけで容疑をかけられたうえに「社会的有害分子」とみなされた。市警察むけに出されたつぎのような業務命令はそのことを立証している。「警察職員は、旅券をもたない者、未登録の者はだれであれ犯罪を犯したか、監獄、収容所、移住地から脱走し痕跡を消そうとしているか、これから犯罪を犯そうとしている容疑者として見逃してはならない(36)」

当時の行政回状はつぎのように定めていた。「特別管轄」都市における居住関連法の違反者は、それぞれの事情とその「社会的危険性」の度合いに応じて罰金を科せられるか、即時追放されるか、いくつかの都市居住禁止をともなう追放延期を申し渡されるか、特別移住者または労働入植者として追放されるか、または最高3年の労働収容所送りとされる。警察特別委員会は違反者を立ち合わせずに簡略手続きによって上記の措置を決定する権限をあたえられていた*。実際にはこの最低の手続きさえも、事件数がふえて手に余るようになると、守られるどころではなかった。この状況がまさに1933年4月末に生じたのだ。逮捕移送された人たちの大多数は4月27、28、29日の一斉手入れで網にかかったようだ。それはメーデーの大々的なお祭り行事を前に、モスクワとレニングラードを「浄化する」目的で実施された警察行動だった。メーデーが近づいているさなかに旅券を持たずに町に出ることは由々しい結果を招きかねなかった。類似の多くの例からいくつかを挙げる。

* 27–28ページを参照。

V・ノヴォジロフ　「モスクワ住民。「コンプレソール」工場運転手。表彰3度。妻子はモスクワに正規住民登録。仕事をおえて妻と映画に行こうとしていた。妻が支度をしているあいだにタバコを買いに町に出て一斉取締りにあい、強制移住」

G・ナジン　「モスクワ住民。ボリショイ劇場消防隊副隊長・クレムリン消防隊隊員。街頭で一斉手入れにあう。クレムリン出入り許可証を提示するも考慮されず」

N・V・ヴォトキン　「1929年青年共産同盟に加盟。セルプホフにあるクラスヌイ・タチ（赤い機織工）工場労働者。工場細胞に所属。工場幹部会候補。受賞3回。サッカーの試合観戦に行く途中に逮捕。旅券を家に忘れた」

シェメレフ　「1933年初頭に青年共産同盟に加入。モスクワ、フルンゼ工場大工。旅券は2日後に交付される予定だった。申請受領証所持。勤め帰りに逮捕。受領証は役立たず」

N・V・シュドウコフ　「青年共産同盟員、協同組合ネジルトレスト（レニンスキー地区）の副支配人。弟は工業学校生。歌劇『スペードの女王』を観にいく。劇場から出てネグリナヤ通りで逮捕、ナジノ島に移送。旅券を家に忘れたため」

パヴェル・タチェフ　「1933年3月青年共産同盟に加盟したばかり。同盟員証明書番号1387815。同盟員費を8月分まで支払い済み。その旨証明書に記載。タチェフはプーシキノに夏のあいだ本部を置くモスクワ執行委員会孤児院の在院者。もう1人の在院者ヴァシリエフとともにメーデー演奏会を準備しにモスクワの孤児院にあった吹奏楽器を取りにいくように言われた。

2人は必要な書類、証明書の類はそろえて持たされていた。タチェフは郊外電車をモスクワで降りると逮捕され移送された。青年共産同盟員の証明書もその他の書類もなんの助けにもならなかった」

マスロフ　「党員。モスクワ・ガス工場で働く。家に友人の技師とその義弟を飲みに招いた。3人そろって前菜を買いに通りに出たところを食料品店で巡回中の警官に逮捕された。旅券をもっていなかったために移送。技師と義弟はナジノで死に、マスロフは生き残った[37]」

だがモスクワに住民登録がありながら警察の巡回で偶然逮捕されたモスクワ住民は、職権濫用と判断される移送例のうち少数にすぎない。大多数はモスクワの一時滞在者あるいは通過者で、たいていは駅で捕まり、行政機関や企業やコルホーズから交付されていた証明書は一顧だにされなかった。「とびきり典型的」とされるのはつぎの例だ。

セルゲイ・ヴォローニン　「鉄道機関士、レニングラード・モスクワ線第13区で勤務、年次休暇からの帰途、証明書をもってモスクワ通過中にモスクワ駅で逮捕」

フェドシー・アルチウフ　「1912年生まれ、ウクライナ・ソビエト共和国プリルツキー地方、テプロフカ、レーニン・コルホーズ員。パンを買いつけにコルホーズから他の3人のコルホーズ員とともにモスクワに派遣される。列車を降りると4人とも逮捕。他の3人のコルホーズ員は皆おなじ村の出身。ミハイル・コムスキー、イヴァン・ヴォロツキー、イヴァン・ティヘンコはナジノ島で死んだ。この4人のコルホーズ員逮捕にさいして鉄道警察は4人が用務を帯びていることを証明する書類を見ようともしなかった」

ラハメツィアノヴァ　「12歳。ロシア語を話せない。モスクワを通過中だったが、母親がパンを買おうとして目を離した隙だった。警察は浮浪者として逮捕、1人だけでナリムに移送」

ニコライ・モサリキン　「1932年に党員候補。ベルゴロード地方のネヴェドミ・コロデッツ村コルホーズの班長。コルホーズからパンの買いつけにモスクワに派遣され、列車を降りてすぐに逮捕。正規の証明書類携帯。警察は無視。ナリムに移送」

ガリーナ・ゴルブノーヴァ　「戦艦オーロラ号予備役艦長の妻。レニングラードの自宅に帰宅するためモスクワを通過中にモスクワ駅で逮捕。妊娠中だった。身分証明書とレニングラード行き切符をもっていたが無視され移送。ナジノ島で出産」(38)

いくつかの例がしめすように、ヴェリチコが「ソビエト権力に社会的に近い同志」と説明した人びとが逮捕即追放の憂き目にあうこともあった。とはいえ、駅やその周辺で逮捕された人びとのなかで圧倒的な割合を占めたのは、飢餓を逃れて途中の難関を突破し、やっとたどり着いた農民だった。農民に対しては鉄道切符の発売が停止されていて、OGPU輸送部特別部隊が「いわゆる食糧難の噂を撒き散らす逃亡者」を狩り出そうと網を張っていたのだ。1933年の飢餓の時期に単独または家族で到着する農民は、コルホーズから用務で派遣されていようがいまいが、企業や建設現場の採用係から受けとった採用契約があろうがなかろうが、徹底的に無視され逮捕された。ヴェリチコは、採用係自身が「被採用者たち」といっしょに逮捕、移送されることさえ稀ではなかったと強調している[39]。

集められた証言によると、不審尋問にひっかかった人たちが警察署で過ごした時間はとても短く（24時間から48時間）、つづいてなんの手続きもないまま、シベリアに出発するOGPU輸送部の特別護送の貨車に乗せられた。「ポエジャイエテ・タム・ス・ヴァミ・ラズベルツィア！」（出発しろ、向こうに着いたら君の一件について説明がある！）——これが、逮捕されて近親者への連絡を許されずに抗議する人たちへの典型的な回答だった[40]。警官は書類、証明書、労働組合員証、政治組織発行書類を一顧だにしなかった。それだけではない。頻繁に没収したのだ。おそらく捕まえた「階級脱落分子」の身元を考慮に入れずにコヴァレフ委員会の指摘どおりに「護送隊の枠をみたし数字の結果を報告する」のが警察の直接目的だったからだろう[41]。

書類を取られずにすんだ者でも、トムスクへの10日間という長旅の途中、それをふつう犯に脅し取られて「タバコの巻き紙に使われた[42]」。犯罪者と「ふつうの市民」が共同生活を強制された結果、暴力の環境が生まれ、常習的な犯罪者たちは「新米」のわずかな食糧（日に300グラムがすべて）、衣類、所持金、書類を強奪した。4月30日にモスクワを出発した移住者護送隊にはマコヴェイエフとかいう男を頭に頂く犯罪者の一団がいた。あだ名は「船乗りコルカ」。かれらは偶然移送されていた「社会的に権力に近い人びと」をむごく扱った。「船乗りコルカ」は「太い棍棒で殴りつけた。棍棒には「1932年8月7日付政令」とナイフで彫ってあった[43]」。数十人の移住者がこの一党に「めちゃくちゃに殴られた」。連中は護送隊がノヴォシビルスクに到着したときにやっと逮捕された[44]。チェリアビンスクと、そのつぎにはオムスクで、護送隊には数百人の拘留者が加わり、道中さらに若干名が偶然加わった。コヴァレフ委員会が集めた証言にしたがうと「階級脱落分子」の護送に当たったOGPU輸送部の監視兵は荒っぽかった。コヴァレフ委員会は「道中たまたま捕まえられた個人の例」をつぎのように挙げている。

M・S・スクリポフ　「家族といっしょにイシムに出かけたが、伝染病のせいで町が封鎖されていて入れず、オムスクにもどった。かれらは移送者の一隊を護送していた監視兵に市場で捕らえられ、トムスク中継収容所にむかう護送隊に加えられた。トムスクからナジノ島へ送られた」

エゴール・スレサレンコ　「15歳、オムスクの鉄道員見習い。偶然オムスク駅で護送隊監視兵に捕らえられ、ナジノに移送」

ニコライ・クルティウコフ　「16歳、モスクワ居住。……ウラジオストク近くのヴォエヌイ・ポセロークに駐屯する大隊長で義父のI・V・ベレジンを訪ねて短期滞在し、その後モスクワにもどった。マスリアニンスカヤ駅で客車を降りてお茶を飲むために湯を探していた。そこを他の軌道に停車していたモスクワ発の移送者を乗せた列車の監視兵に不審尋問され、力ずくでトムスク行き護送隊に組みこまれ、トムスク、次いでナジノ島に移送された」

B・F・ウセンコ　「会計係、クルスク居住。ゴルトヴィノ駅に行く列車に乗ったが、寝過ごした。駅に停車中の護送隊の監視兵にゴルトヴィノにもどるので乗せてくれと頼んだ。声を上げると〔原文どおり〕即座に逮捕、護送隊に入れられ、ナリム地方に移送された。B・F・ウセンコは元赤軍志願兵で予備役将校(45)」

トムスクの中継収容所長クズネツォフによると、モスクワとレニングラードの「階級脱落分子」は5月10日にトムスクに着くと、すぐに「騒ぎはじめた」。2晩目から数百人の移送者が押しこめられた木造バラックのひとつで面倒が起きた。監視の警察は加勢を呼んだ。状況はひどく混乱していたとクズネツォフは認めている。「シブラーグが電気を引いていなかったせいで真っ暗だったからだ」。夜明け前になってやっと監視兵と収容所管理者がかれらをバラックに入れた。実情はといえば、移送者が水をほしがっていたにすぎなかった。2日間というもの、わずかなパンと塩魚しかあたえられていなかった。(46) シブラーグ次長ソコーロフによると、この騒ぎは実は、バラックから逃げようとした移送者に監視兵が発砲したという、もっと重大な事実に起因していた。その前夜にクズネツォフは7名の「社会的危険分子と煽動者」を引き出し、面倒を起こす者はこんな目にあうぞと模擬処刑をおこなっていた。(47) 状況は爆発寸前だった。

トムスク中継収容所は移送者2万5000人――その3分の1は「都市の階級脱落分子と社会的危険分子」――を抱え、市当局者にとってもシブラーグ幹部にとっても火薬庫のようだった。そのうえ、収容所責任者に配布された計画どおりだとすると、3カ月で35万人がここを通過し、毎日4000人がナリム地方に「送りだされる」ことになっていたのだ。収容所は移送者で溢れて危機的だったから、なによりもまず面倒な連中を一刻も早く厄介払いすることだった。このような状況で数千の「分子」が1933年5月14日にあわただしく、アレクサンドロ＝ヴァホフスカヤ管区にむけて川船の船隊に詰めこまれたのだった。

第5章　ナジノ島

1933年5月5日、アレクサンドロ＝ヴァホフスカヤ管区の指揮官ツェプコフは2通の電報を受けとった。1通目はシブラーグ指導部からのもので、「河川航行が可能になり次第、トムスクから送る3000人の階級脱落分子を受領する」ようにと指示し、2通目はトムスク中継収容所からで、もっと多くの5000人から6000人の「分子」の到着を知らせるものだった(1)。

ツェプコフ自身のことばを借りると「まったく藪から棒の話」なので、まず管区の数人の職員を集めた。みなが口をそろえて、6月末前に移送者が来るとは予期していなかったからなんの準備もしていないと答えた。それにシブラーグはそれまでに、大量の「都市階級脱落分子」をアレクサンドロ＝ヴァホフスカヤ管区に送るなどとは一度も言ったことがなかったのだ。だから「多少の都市分子をふくむ、いつものような割り当て富農移送者をあつかう」とばかり思っていた。さらに、オビ川沿いに点在する最終移住地まで移送者を運ぶためにレチトランス社が手配すると約束した船についてはなにも聞いていなかった。アレクサンドロフスコエ村郊外の中央製パン工場の建設もおわっていなかった。

解氷ははじまったばかりで、河川交通が数ヵ月来というもの閉ざされていたため、糧食は底をつきかけていた。他の必需品、なかでも製造に欠かせない道具、材料類の在庫がほとんどなかった。あったのは男子用作業ズボン30本、薄い鋼板6枚（これで2ダースばかりのバケツと数百足のラプティ〔樹皮で編んだ農民の履物〕を作れる）だけだった。(2) ツェプコフはすぐにノヴォシビルスクのシブラーグ本部に電報を打ち、あと数週間しないと移送者を「受領」できない事情を説明した。無駄骨だった。ノヴォシビルスクからその晩のうちに返事がきた――今後は移送者の移送はトムスク収容所の所管であり、トムスクは収容者で溢れているから、同収容所長クズネツォフの決めた移送計画にツェプコフは従わねばならないと。(3) そこでツェプコフは党地方委員会に支援をもとめた。アレクサンドロフスコエの党地区委員会書記ヴラソフは緊急会議を召集した。シブラーグの決定に異議を唱えるのはもっての外だったのだ。ヴラソフは説明した、「シブラーグ決定をわれわれに伝えたのは共産党員であり、シブラーグは党の指令を受けたにちがいなく、われわれは共産党員としてその指令を達成する義務がある」(4)

議論は、「階級脱落分子」を船からどこに降ろすかになった。「この種の集団とあまりなじみのない地方責任者にとっては、これは大きな不安だった。調査委員会でツェプコフは釈明した、「この種の集団はわたしにとってはじめてだった。いつも農村で活動してきたからだ。富農のことはわかるようになったし、ふつうの農民のことは百も承知していた。都会出身の社会的有害分子を扱うと知って、正直言ってパニックになった」(5)。だがツェプコフにいわせるとそれは自分だけではなかった。「だれもが、この有害分子たちをアレクサンドロフスコエ村やすでに元富農とオスチアア人が入植している村に降ろせない点では一致していた。もしそれをしたら、地獄の沙汰だ。農業集団化、協同組合、オスチア人、すべておしまいだ。有害分子たちは略奪のかぎりをつくし、地元民を虐殺するだろう」

ツェプコフによると、こうしてアレクサンドロフスコエの上流70キロ、ナジノ村に面したオビ川の真ん中にあるナジノ島に「不良分子」を降ろすと決めた。そこからオビ川の多くの支流のひとつナジナ川に沿って、人里からはるかに離れた「最終移住地」までこの集団を船に分乗させ護送することとした。この説明には、調査委員会でヴラソフが異論を唱えている。ヴラソフによれば、白熱した議論の末に地区党委員会は最終的に、移送者をプロレタルカ村近くで下船させる決定を下した。したがって「党決定」にかかわらず、ツェプコフが最後の瞬間に自分の一存でナジノ島を下船地として選んだのだ。(7)

この会議でさらに議論されたのは、移送者の護送方法と食糧補給の問題だった。管区になにもない以上、決定はつぎのようになった。「全コルホーズ、地方ソビエトその他の地区経済組織は半月以内に斧、鋸、シャベルその他、到着する移住者が仮住まいを建てるのに要する道具を提供すること、移送者を下船地から最終移住地まで護送するため原動機付の船とこぎ舟のすべてを動員すること」。ソビエト執行委員会は「ツェプコフに対し、協同組合店舗の在庫を速やかに即決条件で引き渡すこと」を求められた。最後に、「これほど大量の不良分子を送りこむ結果として起きる大量逃亡と、必然的に起きる連続窃盗行為を防ぐために」、地方当局は「住民の警戒心を高め、自衛を強化し、夜間巡回を組織し、逃亡者を捕らえるべくあらゆる手段を取るよう」求められた。(8) このような戦闘的な決定はほとんどただの宣言にとどまった。コルホーズでは生きるための生産がやっとだった。食糧は不足し、ナリム地方全域には過去2年のあいだ飢饉が蔓延していたのだ。

そのあいだに、そこから900キロ離れたトムスク中継収容所当局は、モスクワとレニングラードから来た「階級脱落分子」を送りだす準備を急いでいた。5月15日前にウクライナと北カフカスから1万6000人が到着し、すでに収容所にいる2万5000人に加わることになっていた。収容所長クズネツォフはこう釈明している。「毎日2回、時には3回護送隊を受領し、その分だけ片づけねばならなかった。だから5月14日に階級脱落分子を乗せた4隻の川船の出発を細かく監督することはできなかった」(9)。収容所職員全員が忙殺されていたので、「トムスク党委員会に推薦された、「特別移送者」の取り扱いに、無経験のコルバイエフとかいう人物が」およそ5000人の「分子」を乗せた船隊をアレクサンドロ＝ヴァホフスカヤ管区まで送りつける作業の監督を任された。

レチトランス社は4隻の川船を用意したが、それらはふだんは材木の運搬に使われ、何千人もの人間を運ぶにはまったく適さなかった。申し訳程度に男女間の仕切り壁を作っただけだった。割り当てられた集団は「とくに危険で逃亡の意図」ありと判断されていたので(10)、コルバイエフは下船地点まで5、6日間、どんな理由であれ停船を禁じられていた。移送者全員は船倉に詰めこまれ「甲板に出られなかったから、船が到着すると多くの人たちはタイガの澄んだ空気を吸って卒倒し、身動きできない者数百人が川岸まで引きずり降ろされた」(11)。クズネツォフは1人200グラムとして5日分のパンを途中の食糧の「規則上の割り当て」とし、しかもこれに1カ月分の小麦粉、砂糖、干し魚をあたえた、とみずから強調した(12)。

実際には、調査委員会が集めた矛盾だらけの証言がしめすところでは、船に積みこまれた食糧は「パンの規定量」の他にはセモリナ、砂糖、塩の袋若干、それに20トンの小麦粉がすべてだった。これは小麦粉をパンに加工できるとしての話だが、1人あたり約10日分、たった4キロにすぎない。平底の川船はすでに積み過ぎで、それ以上なにも載せられなかった——台所用品、食器、容器、それに移送者が食事を作ったり、仮眠場所を作ったりする道具も載せなかった。
この「やせ衰え、ぼろをまとい、ほとんど裸足で飯盒《はんごう》もコップもスプーンもたない人びとを無思慮に護送したこと」について問われると、クズネツォフは反駁《はんばく》した。

この人員の護送先の指揮官には3月に開かれた会合で必要な指示があったのだから、受け入れの準備は万端整っていると確信していた。……もしわたしがノルマを超えていたら、きっとサボタージュ、いや、それよりたぶん成功による幻惑*の罪を着せられただろう。……さらにわたしは指導部から、移送者が規則上権利のある50キロから100キロの食糧を携帯していなくても、またぼろをまとっていようとも、シブラーグにはそれを補う責任はないといわれた。(13)

さらに「特別移送者の護送に関連する衛生基準が適用され」、護送隊には医師1人、衛生係官2人が5つの野戦救急箱をもって配属された。
最後に、はなはだ微妙な問題が残っていた。この「数千名の階級脱落分子」を護送するさいの監視

＊　ここでいわれていることは、1930年3月2日『プラウダ』掲載のスターリンの有名な論文の見出しに関連している。この論文でスターリンは党地方責任者が「成功による幻惑」の虜になって集団化の過程で多くの行きすぎと「自発性原則の違反」を犯したと批判した。

人の数がまったく足りなかったのだ。家族ぐるみで移送される富農からなるふつうの護送については、規則上の「ノルマ」は１００人につき1名の監視人だった。5月14日の護送隊に付く50人ばかりの監視人をみつけるのは至難のわざだった。そこでトムスクの街頭でなんとか浮浪者をかき集めた。ツェプコフが陳述書に書いている。

この連中は監視相手となんら異なるところがなく、靴もなければ制服もなかった。権威も規律もなかった。命令しても、だれも聞かなかった。かれらは移送者にはこういわれた、「お前ら、自分を見てみろ、俺たちと変わりないじゃないか」。わたしが監視人に命令すると、無視された。ナジノに着くやかれらの大部分は、騙されたのだからトムスクに帰ると言いだした。かれらは集められたとき、アレクサンドロフスコエ村で手厚くされ、靴も制服も住まいもあてがわれると約束されたのだ。ところが古びた銃1丁をあたえられただけでタイガに放り出されたというのだった。[14]

こんなありさまだったから、かれらが監視相手の移送者から盗みをはたらき略奪に走ったのは驚くにあたらない。50人ばかりの監視人に加えてシブラーグは、護送隊長コルバイエフを補佐し、アレクサンドロ＝ヴァホフスカヤ管区の小さいチームを補強するために新たに採用した2人の「特別村」指揮官を随行させた。

5月17日17時、ツェプコフはクズネツォフから電報を受けとった。それは前日に４９００人の階級脱落分子を乗せた4隻の川船からなる護送隊を送った、と知らせるものだった。この護送隊は18日にヴェルフネ＝ヴァルトフスクに到着の予定だった。そこでツェプコフは指揮官として作戦を引き継ぎ、移送者を「設備のある移住場所」で下船させることになっていたのだ。はたしてトムスク収容所長は、移送者がどこに、どんな条件で下船させられるのかを正確に知っていただろうか。調査委員会での陳述で、かれは知らなかったと答えた——ツェプコフが電報で知らされたのは「下船場所がナジノ村とプロレタルカ村のあいだにある」ということだけで、正確な場所はしめされなかった。クズネツォフの言い分では、準備がまったく整っていない状態を正しく知らせなかったというのだ。ツェプコフはノヴォシビルスクの上司に直接苦情を述べたものの、そこから先には伝達されなかった。要するにこれが当たり前の状況だった。すべての「計画」にかかわらず、移送者の移住は結局のところ、突然準備なしに実行されたのだ(15)。

ツェプコフは2人の補佐と3人の護衛を連れ、3日をかけて流れに逆らい、管区で当時動かせた唯一の原動機つきの船でヴェルフネ＝ヴァルトフスクからアレクサンドロフスコエにたどりついた。そこで作戦を引き継ぎ、数十キロ下流で護送隊をオビ川の真ん中にある小さなナジノ島に上陸させた。この無人島は長さ3キロ、幅500か600メートル、対岸に小さなナジノ村があり、そこには「特別移住者」数家族とオスチア族数十家族が住んでいた。川幅はこの地点で2キロを超えているが、ナジノ島はオビ川の大半の島のように水かさが増せば水に浸され、そのあとにはポプラの木立と沼地しか残らない荒地だった。

みごとに整合するいくつかの証言が残されており、1933年5月18日の午後、ナジノ島に500

0人の「階級脱落分子」が下船した様子を伝えてくれる。(16) この証言のおかげでわれわれは場面を再現できる。

ツェプコフと会計担当の補佐キセレフ、護送隊長コルバイエフは、日暮れまで数時間かけて移送者の人数を数え、点呼をとるのに忙殺された。しかしそれは、しょせんできない相談だった。包装紙に鉛筆で書かれた名簿はほとんど読めなかった。しかも、そこにある5318人という数字は、クズネツォフが出発にさいして記録した4900人ともシブラーグ特別移住部がツェプコフに電報で知らせてきた5000人ともちがっていた。暗くなると河川護送団の責任者は、トムスクに出発できないならば「船が使えない損害」を支払わせると脅すので、ツェプコフは1人ずつ点呼をとるのを諦め、下船した人数を数えるにとどめた。はじめに女性332名、ついで男性4556名を下船させた。トムスクからの移送中に死んだ27人の遺体も降ろした。(17)

すべての証人が認めているように、多くの移送者、少なくとも3人に1人は痩せ衰え、自力では立てなかった。ツェプコフは監視人に加えて数十人の健康な移送者を使い、かれらを船底から引き上げて下船させた。陳述書を読むと、ツェプコフは「割り当て移送者」を見た瞬間の驚きを隠していない。

わたしは都会に住んだことがない。だから都市の犯罪分子と階級脱落分子がどんなものか想像がつかなかった。だが、かれらはわたしの想像を絶していた。びっこ、病弱者、土色の顔の哀れな奴、ほとんどがぼろをまとい、なかには背広で靴を履きチョッキをつけている者もいたが、誰ひとりとして百姓ならばかならずもっている道具や湯沸かしやナイフや金属カップや一かけらのラードを忍ばせるずだ袋も持っていなかった。歩ける者はみな出てきたが、見ると手ぶらで食糧も持たず、まったくの無一物だった[18]。

移送者を島に上陸させると、ツェプコフは20トンの小麦粉を降ろすよう命じた。この作業のさいに喧嘩が起こり、監視兵が発砲したため何人かが負傷した。このできごとのあと、ツェプコフは対岸のナジノ村に船を移し、小麦粉が奪われないように陸揚げした。だが湿気と寒さは避けられなかった。小麦粉用の袋は慢性的に不足していたから、川船に載せてあった大量の小麦粉は直接土嚢に入れられ、地面に積みあげられた。まもなく雪におおわれるこの「豊穣の山」を見ながら村人は目を丸くしていた。実際、荷降ろしの数時間後には吹雪になり、暖まろうと焚火をはじめた空腹の移送者の状態を悪化させた。

翌朝、薄い春雪と、湿気で燻ぶるあちこちの焚火の煙におおわれた島で、ツェプコフは補佐、3人の衛生係、トムスクから来た2人の指揮官といっしょに1人あたり1ポンドの小麦粉の最初の分配を進めようとした。それ以外に配る食糧は皆無だった。移住者の大部分は貴重な配給品を受けとるコップもほかの入れ物もない。みな必死だった。「幸運な者はシャプカ〔耳隠しのある毛皮帽〕や靴や着物の裾、なにもない者は両手を出して配給をうけた[19]」。責任者たちはおよそ5000人もの糊口を凌がせようと小麦粉を「1人ずつ整列順に」配給しようとしたが、2時間後には大混乱になってしまった。数十人、いや数百人（この人数は証言によって食い違う）の移送者が踏みつけにされた。またもや監視人たちは発砲、けが人が出た。ツェプコフは配給をやめさせ、新規則をつくった。この措置が多くの移送者、とくに弱者や生存のためにたたかえない者にとって破滅的であることはすぐ明らかになった。それ以降、配給は「班長」に任されたのだ。班長は150人あたり75キロの配給量を毎日受け取り分配することとする。このしくみはやがて極端な職権濫用を生むにいたった。少数の犯罪者、なかでも札付きの悪たちが「班長」の地位と配給の権限を独占したのだ[20]。

午前中のできごとをうけてツェプコフは、農村の原始的なパン焼窯に近いものを作れると称する移送者を2組編成した。30人ばかりの志願者は監視つきでナジノ村に連れていかれた。地面は凍っていて十分深く掘れなかったため、こうして得られた土の質は悪かった。ツェプコフの言葉をかりると、そのうえもっと悪いことには「階級脱落分子はだれもが手に職があると称しながら働かせてみるとなにもできなかった、ましてやパン焼窯を作るなど論外だった[21]」

島では死者の山が築かれた。護送責任者のコルバイエフはトムスクにもどると、出張報告書に書いている。

5月20日午後2時、ツェプコフといっしょにナジノ島に行った。小麦粉袋のまわりで大混乱が起きていて、そこらじゅうに100かそれ以上の死体が散乱していた。小麦粉袋のまわりには「指揮官殿、パンを下さい、もう2日もなにも食べていない、このままでは飢えと寒さで死んでしまう」と地べたで懇願する人たちが群がっていた。死体を食べはじめていて、人肉を煮ているという話が聞かれた。島は地獄絵図そのものだった。ナジノ島にもどって、われわれは指揮官、補佐、衛生係、あわせて十数人を集めた。決めたことは、1 重病人を入れるテントを張る、2 パン焼き窯をつくるため地元民を動員する、3ナジノ村の住民（10から12軒）の窯を徴発する、である。わたしはこのあと、5月21日午前3時にトムスクにむけて護送船隊とともに帰途についた。[22]

深まる混乱を前にツェプコフは、トムスクから着任した指揮官シハレフとスレイマノフに権限を委ね、食糧と資材を探しにアレクサンドロフスコエ村に行くことに決めた。

その後の数日間、島の状況は悪化の一途をたどった。衛生係が建てた4個のテントに運よく収容され、パンとセモリナのスープが配られた病人たち数十人を別として、移送者の大部分は1日につき川水に溶かして飲みこむ1ポンドの小麦粉で足れりとしなければならなかったが、すぐに腸をひどくやられた。配給といっても結局は形式上だけで、配給が犯罪者と監視兵に任せられてからは多くの移送者がなにも受けとっていなかったからだ。「両者を区別するものは、前者が銃を持っていなかったことだけだ[23]」。わずかばかりの配給を手に入れるため、移送者はわずかに残っていた暖かい衣類やオーバー、靴を1切れのパン、1ポンドの小麦粉と交換に差し出した。まもなく島でできあがる「原始的社会主義経済」では、ヴェリチコが集めた証言によると、1足の靴は1キロのパン3個または塩漬け魚3尾、外套1着は2キロのパン1個またはタバコ1箱または金冠2個だった。[24]

前にふれたイヴァン・ウヴァロフの説明には、ナジノで通用していた他の「対価」も挙げられている。金冠1個にたいしてマッチ1箱または新聞紙1枚（もっぱらタバコの巻紙に使われた）。[25]死体の顎をこじ開け金冠を抜き取る行為は、島の衛生状況にくわしい医師と衛生係の最初の報告で言及されている。[26]日毎に死亡率が高まるにつれ、この行為は本格的な取引になったが、死者にたいする弔意が大きく損なわれるとして人びとの心を傷つけることになった。抜き取られた金冠はロシア「極東」の密売業者と金取引業者に買い取られた。そして、入手困難で珍重される品物と交換するためにトルグシン共同組合〔国営小売店チェーン〕にひそかに持ちこまれた。[27]

情けないことに、監視人たちの活動は「原始的社会主義経済」の実験と実施にとどまらなかった。権力を振りまわし、気まぐれと恐怖で支配し、食糧の分配時に「インチキをする」移送者をその場でためらわず処刑した。[28] あるいは躊躇なく殺して外套1着、靴1足を盗んだ。この点で狙われたのは、たまたま運悪く捕まって移送された裕福なモスクワやレニングラード出身者だった。身につけていた上着や外套や靴はわずかな食糧と交換できた。だがこれらの商品には持ち主が往々にして襲われたり殺されたりするだけの値打ちがあったのだ。それは調査委員会で引用された多くの例がしめしている。

略奪と残虐行為を犯したのは圧倒的に監視兵だったが、指揮官のシハレフ、スレイマノフや近くの「特別村」に増援に来たかれらの同僚たち5、6人も同様だった。調査委員会の報告は監督する立場の職員が犯した残虐行為のいくつかに言及している。

ナジノ村指揮官ヴラセンコは「特別移住者にたえず暴力をふるった。食糧を配給しないのはしょっちゅうだった。泳げない移住者は舷側から川に投げこみ溺死させた」

プロレタルカ村指揮官ツァラプキンは「特別移住者を漕ぎ手に使い、漕ぐのが下手な者を川に突き落とし、溺死者が出るのを面白がった」

ナジノ村共同組合責任者ホフロフは「特別移住者を棍棒で頻繁に殴打し、食糧を増やしてやるからと欺いて衣類を巻きあげ、凍りついた川に入らせて撃ち落した獲物の水鳥を取ってこさせた」

ナジノ島指揮官シハレフは「特別移住者を誰彼かまわず棍棒で殴り、特別移住者から剝ぎ取った衣類と死者の金冠の闇取引をして模範を垂れた」

ナジノ島指揮官スレイマノフは「特別移住者を棍棒で殴り、漁に出るときには漕ぎ手に使って搾取した。飢餓で衰弱した移住者に非情な仕打ちをした(29)」

調査委員会が槍玉にあげたスレイマノフの仕打ちについて、スターリン宛の報告書でヴェリチコはわかりやすく説明している。「わずかな小麦粉の配給を待っている飢えた移送者を前にして、スレイマノフは本人みずから、すでに味がわからなくなったと認めるほどたくさんの砂糖をこれ見よがしにむさぼった(30)」

幹部職員のこの種の「職権濫用」は、調査委員によって「殿様のような行為」と形容され、「特別村」の日常についての多くの行政文書がしめすように、管区の「下っ端管理者」にとどまらず、実際には党地方幹部のあいだにも広がっていた。かれらは「殿様農奴*」というべき新しい階層であり、十月革命から生まれた権力が打倒した、前の主人たちの紋切型の態度をすぐに真似したのだ。

しかしもっとも重大な事実は、移住者が「狩りの獲物同然に撃ち殺された」ことである。それはすでに述べたように、ナリム地方の諸管区では例外とはいえなかった。監視兵と指揮官は調査委員会の

＊ この表現はモシェ・レヴィン Mosche Lewine が使ったもの。*La Formation du systeme soviétique*〔ソビエト制度の成立〕、Paris, Gallimard, 1987, p381, "L'arrière-plan social du stalinisme〔スターリン主義の社会的背景〕" を参照。

査問にさいして、逃亡を試みる者には即座に発砲せよというツェプコフの命令を盾に殺人を正当化した。小さな筏で脱走を図る者が多かったようだ。ある責任者の説明によると――

はじめわれわれは、ナジノ島からは脱走できないと思っていた。流れは急で水は凍てつき、川幅は数キロと広かったからだ。道具なしにはボートを作ることはとうてい不可能だった。ところが若干の犯罪分子と階級脱落分子はたいへんな独創性を発揮し、枯れた大枝を集めて3、4人乗りの筏を作った。そして流れに任せたのだ。川下60キロばかりのところに鉄道が通っていてノヴォシビルスクにたどり着けるという噂が根強く流れていた。……もちろん、逃げおおせる機会はまずなかった。多くは溺れるか、餓死した。数十キロ下流で数百の死体がオビ川の岸に打ち寄せられていた。(31)

政治警察の幹部にとって、逃走する「階級脱落分子」は危険人物であり、少なくともつぎのふたつの理由で抹殺されるべきだった。他の逃亡者と同様にナリム地方で蠢動《しゅんどう》しつづける「犯罪集団」に加わるかもしれず、そのなかに「特異な変質者」、要するに人肉食いが交じっていたからだ。

「ロシアでおかしなことが起きている。飢餓、カニバリズム。……田舎から来た人たちがおかしなことを話している」と、ニーナ・ルゴフスカヤ――不自由したことのない豊かなモスクワ知識人の家庭で育った女子生徒――は日記に記している。(32) おなじころ、OGPU管轄下の郵便検閲では農村の飢餓の影響とカニバリズムをくわしく綴った数千通のウクライナ農民の手紙を没収している。(33) その数カ月前に、トムスクの南200キロ強ほど離れたクズバスの炭鉱中心地ケメロヴォで、飢餓から逃れた数百人のカザフスタン人がリンチにあっていた。食用としてロシア人の子供を誘拐するという噂が巷に広まっていたからだ。* 1933年のソ連は共食いの噂でざわめいていた。ただし最大の飢餓が襲った地域でさえも、時としてこの噂に根拠があったとは限らなかった。マルク・ブロックの適切な表現をかりれば、噂は「集団意識がみずからのほんとうの表情を鏡に映して凝視している」(34)ことに他ならなかった。それは見てはならないことであるにもかかわらず、ソ連の1930年代はじめのこの特殊な事件については、そう言わざるをえない。実際、飢餓は社会主義国ではありえないのだから、まして や共食いなどはなおさらタブーだった。「食糧難の噂を聞いた」住民の反応の調査を担当するOGPU広報部の秘密指令は、この点について明確だった。(35) しかしそれは言わずもがなで、だれもが意識していた。

ナジノ島では、移送者の「下船」の翌日から「バラバラにされた死体と煮て食べられた人肉」についての噂が出た。(36) 3日後の5月23日、島にいた3人の衛生担当官は島の状況についての最初の報告をシブラーグの特別移住部に送った。移送者がどのような条件で島に「受け入れられた」かを説明し、さらに、上部機関にチフス流行の脅威を警告した。すでに怪しい5件が突きとめられていた。だが報告が重点をおいていたのは、川の水と混ぜた小麦粉を食べた結果生じた赤痢と、移送者がモスクワかレニングラードで逮捕されて以降温かい食べものを摂っておらず、数週間におよぶ食糧不足から引き

＊ 本書40ページを参照。

起こされた身体の全体的衰弱による死亡だった。3人の衛生担当官は5月21日だけで新たに70の遺体を数えた。[37]

そのうち5人は肝臓、心臓、肺、柔らかい肉の部位（乳房、ふくらはぎ）、それに男性器、皮膚の一部が切り取られていた。この遺体損傷は人肉食を強く示唆していた。加えて重大な精神障害の存在を示唆していた。おなじ日の5月21日、移送者はみずからわれわれのもとに、血まみれの手に人間の肝臓をもった3人を連れてきた。この3人を調べたところ外見上は衰弱しておらず、むしろ精神異常者の外的徴候をしめしていた。かれらはただちに警護担当者に引き渡された。[38]

その後の2週間、ナジノ島にいたおなじ衛生係官は類似の例を述べた3通の報告書を送った。すべて「肝臓、心臓、肺を切り取られた数十にのぼる遺体」についてである。[39] 医者たちによると、警護担当者と指揮官は少なくとも最初の数日はなんの対応もせず、人肉を所持しているか人肉食の現行犯で捕まった者を隔離しようともしなかった。そのほとんどは釈放された。理由は「殺して食べたことを立証できず」「ソビエト刑法では死体食にたいする刑罰の定めがない」からだった。[40]

共食いをともなう最初の殺人事件の確証が得られたのは、やっと5月29日になってからだったようだ。20歳から25歳の若い累犯者3人が逮捕され、アレクサンドロフスコエ村の監獄に収監された。さらに3人の共食い犯が5月31日に逮捕された。かれらは青年を1人殺して肝臓と腎臓を食べたことを認めた。この異常事態に明らかに困りはてた地方責任者は、事件を矮小化し目立たせまいとした。5

月31日に現場入りした当地区書記ヴラソフは、ナリム党地方委員会宛の報告で本件についてたったの3行しか費やしていない。「十数件の死体食行為が認められた。医師によれば人肉食を犯した人間たちは痩せ細ってもいなかったし飢えてもいなかった。かれらは長年来の人肉食いであって習慣からこの行為を犯した」(41)。「習い性となった人肉食い」という驚くべき表現は調査委員会で審問された他の地方責任者セメルネフの陳述でも使われていた(42)。だが特別移住部責任者イヴァン・ドルギフは、シブラーグ長官アレクセイ・ゴレホフ宛のナジノ事件報告書で、アレクサンドロ＝ヴァホフスカヤ管区配属の衛生係官ハツケレヴィッチが人肉食を説明するために造った新語「オタニスム*」をそのまま、躊躇せずに用いている(43)！

グラーグの職員たちは「習慣的人肉食い」に言及したさい、常習累犯の非情な世界でさかんにおこなわれた「牝牛殺し」の行為を連想したにちがいない。悪漢たちのあいだで使われたこの隠語は、ジャック・ロッシ**が書いた『グラーグ案内』でつぎのように説明されている。

＊ Otranisme は atavisme（隔世遺伝）と onanisme（自慰）の縮約なのだそうだ！

＊＊ ジャック・ロッシ。1909年ポーランド、ブロツワフ生まれ、2004年パリで歿す。父をポーランド人、母をフランス人とするポーランド系フランス人。若くしてポーランド共産党に入党、モスクワのコミンテルン国際連絡部に属して各国共産党との連絡に当たる。8カ国語を話し、赤軍情報部に移り、スペイン内戦下スペイン共和国軍と行動中、粛清たけなわの1937年のモスクワに召還され、ポーランド、フランスのスパイ容疑で強制収容所に8年の刑期で送られる。1958年に釈放、1964年からワルシャワ大学でフランス語・文学を講じる。強制収容所時代におなじく収容所に監禁されていた内村剛介と知り合う。仏語版『グラーグ案内』の原本ロシア語版の邦訳は『ラーゲリ（強制収容所）註解事典』。本書の「注」5章（44）を参照。（訳注）

「牝牛」は古参の囚人が自分たちといっしょに脱走に加わるよう誘いをかける新入りを指す。たいていの場合新入りは、その名のとどろく古株に声をかけられていい気になる。ところが新入りは食糧不足になれば自分がまず殺され、肝臓を食べられ、血を飲まれることになるのを知らない（火を焚いて追っ手にみつかるのを防ぐため生のまま食べるのがふつう）。収容所と監獄では、牝牛食いは人肉食いを意味する。これはソビエト時代に固有なものではない。帝政期にV・ヴァシリエフという男がもう1人の囚人といっしょに脱獄した。かれは捕まる前に飢え、仲間の肉を食べた。しかしソビエト制度が確立してからはじめてこの行為は頻繁になり、一連の特定隠語（牝牛、手荷物、牡羊、子羊、どれもおなじ人肉食いの意味）が出現するようになった。(44)

数人の看守は、にわか作りの筏で逃げようとした移送者を「まるで獲物を狩るように撃ち殺した」として調査委員会で非難されたが、かれらは「3、4人一組になって逃げた移送者が牝牛を連れた人肉食いにまちがいなかった」と主張し、自分たちの行為を正当化した。これがナジノで犯された行為について管理責任者と下級職員が最初に思いついた「説明」だった。

一方、1980年代のおわりにナジノとその近隣の村で収録された証言が明らかにしたのは、実際悪漢たちのあいだで広くおこなわれ目撃されていた「牝牛殺し」の行為とは別の、衝撃的な行為だった。みごとに一致する4つの証言(45)がある。そこに挙げられたのは「人肉食いたち」が女性に襲いかかり、乳房やふくらはぎを切り取ったといういくつかの例である。その女性たちのうちで生き残った者もいれば、傷口が原因で死んだ者もいたし、恐ろしい経験で「気がふれた(46)」者もいた。証言のうちの

2つは、モスクワでたまたま一斉検挙にひっかかり、トムスクに、それからナジノに移送された「共産党幹部夫人」の例にとくに言及している。「犯罪分子」はかのじょの両乳房を切り取ったのだ。[47] この事例があったからこそ、「幹部からなる調査委員会」が人肉食いの調査のためにナジノに派遣されたと考えられる。地元民の記憶に生々しく残るこの「共産党幹部夫人」がだれであったかは突きとめられなかった。だが6月21日にイヴァン・ドルギフを議長として開かれたシブラーグの責任者たちの会合には明らかな痕跡が残っている。この委員会は、ナジノ島に「階級脱落分子」が降ろされてから1カ月後に現場に到着している。人肉食いについての委員会報告の件《くだり》で「共産党幹部夫人」にかんする上記の事案にはなんらはっきりとは言及されていない。それどころか、シブラーグの責任者たちは「政治的潤色」によって共食いの事案を小さくみせようとしている。報告に曰く――

階級脱落分子自身によって組織的に広められた人肉食いの噂には根拠がないことを確認する。この噂は明らかに政治的に何かをほのめかそうとしている。その証拠に特定のいくつかの状況で人肉食いの行為が強調されているとみなされるからだ。ツェプコフ指揮官は本件では、ボリシェビキとしての警戒心に欠けている。かれは噂の源をみつけ出さず、また階級脱落分子の精神状態を明らかに反ソ的にしようと企てた首謀者を摘発しなかった。[48]

会合の直後、特別移住部長イヴァン・ドルギフがシブラーグ指導部宛に送った上記の「極秘」報告には、人肉食いの現象についてきわめて政治的な解釈が述べられている。[49] かれはつぎのような理屈を並べている。「大部分の人肉食いの行為が起きたのは食糧支給問題が解決されつつあったときであり、飢えが原因ではありえない。捕まった人肉食いたちは誰ひとりとして目立つほど痩せてはいなかった。そのうちの何人かは過去に人肉を食したことを認めた」。けれどもドルギフは、シブラーグ最高責任者が使った「オタニスム」なる新語をもって人肉食の主たる説明とはしなかった。ドルギフは「党幹部の一部はこの語で説明しようとしているけれども」と断わったうえで、往々にして「サディズム」をともなう人肉食の行為は現実には「その個人が変質者であることと、明確に定義される政治的意図との非常に特殊な混合」からもたらされるとした。この意図のひとつはソビエト政権に対する反抗である。1人の「犯罪分子」はシブラーグ特別移住部長にむかってこう抗弁した。「あんたらがみんなを飢えさせてるんだ。だから俺らは共食いする！」[50]

人びとを飢餓に陥れる国家が極端な暴力を行使することにたいする応答としての共食いという形をとった反抗は、政治警察の責任者たちには当然、赦しがたい反乱の意図ありと受けとられた。ドルギフは「わたしは即刻この人物を反革命宣伝の咎で逮捕するよう命じた」と報告している。この政治警察高官はナジノ島にわずかの時間滞在したあいだに15人ばかりの「首謀者たち」を逮捕させた。理由は「反革命的言辞を弄し、人肉食と飢餓がソビエト国家に組織されたものだとこじつけた噂を嬉々として流したからである」。ドルギフによれば、この噂は「階級脱落分子」と連絡をとるためにわざわざナジノ村に来た政治的追放者によって中継ぎされた。それは「外部分子によって指導された政治的操作をはっきり証明している」[51]と、ドルギフは結論づけている。

ナジノ島で起きた共食いは、正確にはどの程度の規模だったのだろうか。「共食いの島」として広く認知されたあだ名がしめすように、それが消しがたい印象を残したとはいえ、人肉食と死体食のまちがいない事実として認められた件数は数十を出ない。約50人が人肉を食べたと疑われて逮捕されたが、その多くはすぐに釈放された。この人たちの身元を特定するには非常に断片的な証拠しかないので、「ナジノの共食い」なるものの「典型的な人物像《プロフィール》」についてはどんな結論を引き出すことも避けたほうがよさそうだ。ここでは死体嗜食者が全員男であり、そのほとんどが若く（20歳から35歳）、農村生まれで、すでに少なくとも1度は犯罪者として有罪とされ、すでに収容所あるいは監獄を経験していたことを強調するにとどめる。[52] 11人の人肉食いは「ナリム地方犯罪撲滅」のため1933年7月に特別に発布されたOGPU非常法によって死刑を宣告された。[53] これはOGPU全権代表が、ナリム地方検事の下した死体食で告発された者を不起訴とした決定を覆すために個人的に介入して漕ぎつけた死刑判決だった。検事の不起訴理由は「人肉を食することはソビエト刑法の刑罰に該当せず、ナジノ島に送られた労働入植者の物質的条件はまことに厳しい」[54]というものだったのだ。イヴァン・ウヴァロフの証言によれば、人肉を食べた者が百も承知していたのは、殺人があったことが証明されないかぎりは罰せられないということだった。事件審理のあいだ数カ月監獄で過ごすことは、逮捕された人肉食いのひとりにいわせると「少なくとも屋根と熱い1杯のバランダ（監獄と収容所で出される薄い澄ましスープ）にありつけて、寒さに震えて川水で溶いた小麦粉を食べさせられるよりはずっとまし」だった。[55]

ナジノ島のこの悲劇的な状況は5月27日にさらに悪化した。最初の2船隊の責任者コルバイエフがトムスクに帰りつく1週間前に、トムスク中継収容所から階級脱落分子の新たな船隊が到着したのだ。明らかに中継収容所当局は900キロ下流でなにが起きているのか知らされずに収容所の「混雑緩和」をつづけ、1日あたり3000から4000人の割合でナリム地方の各管区に移送していた。5月27日の夕刻、約1200人の階級脱落分子が平底荷船の船倉に詰めこまれ、先に送られた5000人とほぼおなじ条件でナジノ島に送られた。現場の医師たちによると、この2番目の集団の健康状態は最初の集団よりさらに悪く、チフス患者が出ていた。病人を島の一角に隔離することが決められたが、あらゆるものが欠乏していた。テントは6個しかなく、薬もなければ感染者の衣服を消毒するため熱湯を沸かす入れ物さえなかった。医師たちは報告書に書いている。「いずれにしても移送者のまとっているぼろは洗濯にたえられる代物ではなく、毎晩氷点下になるというのにわれわれは全裸のひとたちを相手することになっただろう」[56]。5月18日の先着者同様、新たに着いた人たちはわずかな小麦粉を受けとったにすぎなかった。パンは重病人だけに配られた。

1週間留守にしたあと、ツェプコフ指揮官は5月31日にアレクサンドロフスコエの党地区委員会書記、ヴラソフをともなって帰ってきた。そのあいだに、党地区委員会書記局の臨時会議が管区の中心地で召集されていた。これはナジノ島に降ろされた「階級脱落分子」のその後の運命を決めるためだった。書記局はツェプコフの報告を聞き、1週間以内に（つまり6月5日以前に）移送者全員を「設営計画で予定されている適当な場所」に移すこと、地元民全員を「パンを焼いて階級脱落分子の食糧を準備するために動員すること」、地元経済組織で「住まいの建設と温かい食事を作る厨房に必要なあらゆる道具、建材、資材、あらゆる船」を徴発するよう命じた。この会議はツェプコフの行動をつよく批判する決議をおこない、「無能力」と「特別移住者にかんする党決定に違反したこと」[57]を非難した。ヴラソフはナジノに着いてすぐ、ナリム地方党書記レヴィツ宛に、状況を知らせる長文の報告書を送った。[58]このとき（6月はじめ）になってもツェプコフはナジノで起きたことを、上層部責任者、とくに特別移住部長イヴァン・ドルギフに知らせる勇気がなかった。西シベリアの「親分」ロベルト・エイへが「ナジノ事件」を知ったのは6月10日ごろ、「党のルート」を通じてだった。

ヴラソフが6月の初旬に上層部に出した報告は、最初の移送者の一団が下船して2週間近く経ったころの島の状況について、多くの正確な情報をもたらした。このころ、温度は零度近くだったが、移送者に温かい食糧はまったく配られていなかった。食糧がなかっただけでなく、食材を煮炊きする道具もなかった。近くの村にあったわずかな竈《かまど》を徴発し、パンを何トンか焼いて移送者に配ったが、あれほど多くの人数では雀の涙だった。移送者の圧倒的多数は何週間ものあいだ小麦粉の配給で我慢しなければならかった。ツェプコフとヴラソフはアレクサンドロフスコエ村から道具類（斧、シャベル、鋸）数百、ラプティ400足、布地数包みを持ってきた。裸足の数千人に履かせるには少なすぎるラプティを別にして、このソビエト世界の果ての数少ない共同組合の倉庫で徴発した布地の切れ端は（ミシンがなくてはなにも縫えないのだから）役に立たなかったと、ツェプコフは調査委員会の前で認めた。斧といえば、木を切り、雨よけを作るには欠かせなかったものの、「社会的危険分子」でおまけに人肉食いの手に渡すのは果たして正しかったのだろうか。移送者には結局、ナジノ島から「最終移住地」への移動時にも、道具は配られなかった。ナジナ川の上流では5カ所が選ばれた。これは「タイガを熟知し、狩人の休憩場と釣り場の所在を覚えているスレイマノフの推薦によるものだった」[59]。ナジノ島から60キロから120キロ離れ、流れに逆らって船が遡るには数日を要する距離だった。ナジノ島は2週間でほとんど空になった。6月12日、ナジノ島は動かせない157人の移送者だけになったのだ[60]。

移動中に、すでにひどく衰弱していた数百人が死んだ[61]。この死者数に、島に下船後死亡した1500から2000人と消えた逃亡者数百人が加わる[62]。管区経理次長イヴァン・ウヴァロフの証言によると、ナジノ島からナジナ川上流に船で移動させられた移住者は2856人だった[63]。「最終移住地」で6月末に「出欠に答えた」移送者数を数えた結果、5、6週間前にナジノ島に下船した約6000人のおよそ半分が消えていた[64]。「最終移住地」に到着した生存者はナジノ島で経験したのとおなじような状況におかれ、唯一のちがいは、以前よりさらにほったらかしにされたことだった。それは「わずかな食糧と雨露をしのぐ場所を作るための若干の道具」を残して、監視兵の一部が移送者の新しい一団を受けとりにナジノ島にもどったからだ。移送者の多数がにわか作りの筏で脱走したのは、長旅のこの段階においてだった。逃亡者の大部分は筏が沈むか、監視兵に射殺されるか、あるいはシベリアの果てしないタイガに迷いこんで命を落とした。

そのかんに、ナジノ島で起きたことは地方の最高指導部の知るところとなった。6月12日、ロベルト・エイヘは西シベリアOGPU全権代表アレクセイエフとシブラーグ責任者ゴルシュコフに説明をもとめた。ふたりは「事故」をできるだけ小さくみせ、(「われわれは階級脱落分子の一団を受け入れるにあたり、確認された怠慢の案件にかんしてアレクサンドロ＝ヴァホフスカヤ管区に説明を要求した」とエイへに電報で答え(65)、一方で、トムスク近くの管区を視察でまわっていたイヴァン・ドルギフに、ナジノ島に行き状況を把握して報告するよう指示した。

シブラーグ特別移住部長ドルギフは、調査委員会でその僻地への「遠征」についてくわしく語っている(66)。

状況はいたるところで危機的だった。わたしが行ったパラベルとカルガソクでは、移送者のあいだでチフスが流行っていた。ガルキンスカヤ管区の状況はアレクサンドロ＝ヴァホフスカヤ管区の状況とおなじか、少なくともそれに近かった。食糧問題はそのどこにおいても危機的だった。シブラーグが補給の契約を交わしていた国営河川運輸会社ゴスパルの船が動けなくなっていたからだ。ゴスパルはドイツ製エンジンを受けとったばかりだったが、それを動かすのに必要な精製油がなかった。パラベルで小休止して移送者を数えたところ、下船させたばかりの2800人のうち230人以上がチフスに罹っていた。それからアレクサンドロフスコエ村にむけ、数人の部下と20人ばかりの経験をつんだ武装監視兵を連れ、集められるだけの補給をたずさえて直行した(67)。

シブラーグからなんの護送手段もあたえられないまま、ドルギフとその一行は、航行可能な季節にトムスクとアレクサンドロフスコエを2、3回往復するカール・マルクス号に乗り、6日かけてアレクサンドロフスコエに到着した。

6月21日、「査察チーム」はツェプコフ指揮官と管区「要員」の一部を加えて、ついにナジノ島に上陸した。シブラーグの献身的な一員として立案、実行、数字をつねに報告せよと教えこまれているドルギフは、まず島の死者を数えた。このシブラーグ特別移住部長は、「特別移住者」である衛生係が出した1970人という死者数が「明らかな政治的理由できわめて誇張されている」と考えた。「累犯看護師で土葬の責任者」のポクロフスキーという人物に案内され、一行は島をまわって共同墓穴を数えた。その数は31だった。つづいて、3つの墓穴を掘り返させて死体を数えた。「墓穴のひとつはずば抜けて大きく、ひとつは中位の大きさ、ひとつは小さかった」。ドルギフはシブラーグ長官宛の報告書のなかで、この3つの墓穴のそれぞれで発掘された死体の数（53体、22体、5体）から、これまで現場から寄せられた数字がひどく誇張されていることを証明しようとした。そのさい強調したのはつぎの点だ。「墓掘人が犯罪分子のなかから進んで手を挙げた者であり、当然死者数を誇張してそこに脱走者もふくめたのは、埋葬した死体の数で食糧の配給が増減されたせいであり、ナジノ島の指揮官はまったくその数を確かめようとしなかった」[68]。この言い分だけは報告のなかで的を射ていた。

陰気な巡視を終えると責任者たちは、数週間前に移送者の一隊が移動させられたナジノにいちばん近い「最終移住地1号」まで案内させた。一行はエンジンつきの小型船で島から最終移住地1号までの60キロを苦労して遡った。実際雪が解けてしまうとナジナ川の水量の減り方は激しく、砂州のせいで船の航行はむずかしかった。シブラーグの幹部と護衛は最後の10キロあまりを徒歩で進み、タイガと沼地を越えねばならなかった[69]。

ドルギフは、ナジノ島で生き残った数百人が6月はじめから住んでいる「最終移住地1号」をつぎのように描写している。

川に面した未開地。原始的な粘土の炉。樅の木の枝でできた仮の避難場所。階級脱落分子たちはそこに入るのを嫌がって屋外で焚火を囲んでいた。木造の家といえば1軒だけで、指揮官と監視兵の住居に使われていた。……この一団は都市の階級脱落分子の最低部分、社会の屑で構成されていた。だれもがレニングラードやモスクワの出身を鼻にかけていた。みんなひどく汚く、シラミだらけで痩せさらばえ、裸足でぼろをまとっていた。ここに着いて以来誰ひとりとして顔を洗ったようにはみえず、天候がよくなっているのに川で体を洗おうともしなかった。われわれが来るのを見ると、階級脱落分子が集まってきて、ここに「根拠なく」流されたと主張し、即時釈放を要求した。……かれらの大部分は指揮官の命令に反抗して労働を拒否していた。「働くより死んだほうがましだ」と公然と言い、「あんたらは、いずれにしてもここで俺たちがくたばるように連れてきたんだ。逃げるぞ、怖くないぞ、ソロヴィエツキー*から今までに何度も逃げたんだ」と言いつのった。わたしは連中にむかって演説した、働けば食糧を増やし、タバコも着るものもやる、おまけに早期釈放

＊ 白海のオネーガ湾入り口にあるソロヴィエツキー諸島中最大の東西25キロ、南北15キロの島。15世紀からロシア正教の修道院があったが、1923年にソビエト政府はこれを他の島々とともにOGPU管理下の強制収容所とした。逃亡はほとんど不可能だった。（訳注）

もする、働かぬ者は最低の食糧しかやらない、逃亡者はOGPUのトロイカ(三人審判による即決処罰)にかける。しかしわたしの演説に前向きに反応する者はほとんどいなかった。かれらの大部分は矯正不能だった。まれに働く者がいても、のろまでいい加減だった。[70]

ドルギフの演説に「前向きな反応」がほぼなかっただけではなく、それは怒声で遮られた。「お前らが人民を飢えさせてる。だから俺たちはおたがいを食い合ってるんだ!」このシブラーグの高級幹部ドルギフは監視兵に「強情な連中」15人ばかりを逮捕させた。

ナジノから帰ると、ドルギフは一連の決定を下した。ツェプコフ指揮官は解任、「党員履歴に厳重戒告を記録」。アレクサンドロ=ヴァホフスカヤ管区の指揮は、ドルギフの一行といっしょに来たフロロフという「1931年に22歳で指揮官に昇進した若くて精力的なチェキスト」に委ねた。移送者はオビ川とナジナ川の合流する地点に近い「最終移住地」にあらためて移送された。実際のところツェプコフとスレイマノフが選んだ「最終移住地」は解氷以降水位がひどく下がっていたので、補給も監視もできなくなっていた。新指揮官は「測量士たち」と1週間で、オビ川とナジナ川の合流点から最短距離15キロの地点に新しい用地を選び、「移住村」を建設しなければならなかった。「階級脱落分子」はそこに移送されて「移住村」規則にしたがって「きびしい管理」に服させる。労働を拒否する「首謀者」と「寄生分子」は逮捕し、ただちにOGPU特別審議にかけられ、各自の労働に応じた「差別食糧」制度のもとで、働く者には1日750グラム、衰弱者には600グラム、「仮病使い」には200グラムが配給される。全地元民は桟橋、倉庫、公衆浴場、バラックを建設する。これはコルホーズ、特別移住者、「原住少数民族」ごとに通常決められている賦役だ。「監視兵」の士気を高めるために制服を配る。この長い「決定事項」の一覧表は、実際にはシブラーグがその実現にすぐには予算措置を講じられない目録でありながらも、ユートピア的な「1933年におけるアレクサンドロ＝ヴァホフスキー地区資源開発経済計画」を予告するものだった。冬が来るまえに、階級脱落分子（その何人かの見本を「最終移住地1号」の視察の折に調査団は見たばかりだが）は「500ヘクタールを開墾してライ麦を植え」「川が航行不能になって国による補給がむずかしい時期に備え、建築用と燃料用の木材、ベリー類、キノコ、干し魚を十分に蓄積する」ことになっていた。[71]

この会議のあとドルギフとその一行は、上記の決定を実行に移す重責を新指揮官フロロフに委ね、カール・マルクス号に再搭乗して立ち去った。精力的なフロロフはあらゆる手段を講じて「特別移住者」を使役するいくつかの経済組織を説得し、バラックとパン焼き窯を作るために2カ月間、「3建築作業班」を首尾よく借り出した。作業班は勤勉な元富農総勢60人からなっていた。数週間で、1930年から1931年にかけてこの地方で最初の農民の大群を移住させた「特別村」のような「移住村」が忽然と、ナジノ島から約15キロの場所に出現した。7月半ば、「最終移住地1号」の生き残り250人ばかりがこの移住村に移された。しかしフロロフには、さらに上流の「移住地2、3、4、5号」に移してあったナジノ島の約2000人の生き残りを動かす時間がなかった。実際7月の半ばまでに、フロロフはトムスク中継収容所の「階級脱落分子」（約4200人）からなる新しい3護送船団の到着と格闘しなければならなかったからだ。ナジノ事件のせいで数週間到着が遅れたのだ。

ナリム地方の諸管区むけに最初の護送船団が出発する5月半ば以降、トムスク、オムスク、アチンスクの中継収容所はウクライナ、北カフカス、モスクワ、レニングラードからの数万人ずつの移送者を受け入れつづけていた。合計10万人に近かった。移送者の80%以上は農民だった。かれらはナリム地方の十数の管区に分けて移住させられた。飢饉に見舞われた地方から送られてきた者が多く、痩せ衰えて到着したので、この「第三の波」(特別移住部責任者の命名)をなす農民移送者で命を落とす者は、その前の年よりも多かった。[72]この農民たちの「移住」は前の年の条件とだいたいおなじようにおこなわれた。前述のように、都市出身の「階級脱落分子」はちがっていた。着の身着のままでアレクサンドロ＝ヴァホフスカヤ管区に送りこまれたのだ。西シベリアにはこの種の移送者集団はもう送らないというグラーグ指導部の約束にもかかわらず、*トムスク中継収容所は6月だけで都市の「脱落分子」6000人を、さらに7月にもおなじぐらいの数を収容した。[73]

7月末、西シベリアOGPU全権代表アレクセイエフはゲンリフ・ヤゴダに新たに送った電報で、「モスクワとレニングラードが厄介払いにした幼い子供を抱えた女性、病弱者、高齢者の大群を送りこんでくること」に抗議した。そこでアレクセイエフは「これら分子の経済的利用価値はゼロだ」と付言した。そして典型例として、7月9日にモスクワを発ちトムスクに1週間後に到着した1719名の一隊を挙げている。その大多数は高齢者だったが、「病弱者、盲者、聾唖者、精神薄弱者」もたくさんいた。「家族として」到着するとされた人びとの大多数は幼児を抱えた単身女性だった。この女性たちは「モスクワに行くはっきりした理由があると証明できる公式文書を持っていたのに、モスクワの街頭で逮捕された」のだった。[74]この護送隊の300人以上の移送者は、すでに満杯になっていたシブラーグの病院、養護施設、診療所に送られることになった。残りの人びとはアレクサンドロ＝ヴァホフスカヤ管区に送られた。シブラーグ長官は、かれらからソビエト国家はいったいどんな経済的利益を得られるのかと自問した。

7月中旬、トムスク収容所はやはりモスクワから来た5護送隊を受け入れた。それらは、6月28日に開始され7月2日に完了した大規模な警察行動でモスクワとその近郊から放逐されたロマ（5470人、そのうち男性1440人、女性1506人、子供2524人）だけの護送隊だった。グラーグ次長はつぎのように明言している。

> この住所不定のロマたちには「338頭の馬、2頭の牝牛、その他多くのものを持ってくることが認められていた。移送者全員は髪を刈られ、消毒された。……グラーグは施行されていた行政基準に沿ってこの一隊に食糧と飼料の適切な量を確保した。各護送隊には移動厨房と食器が備えられ、温かい食事と熱湯が十分にあたえられた。そのうえ伝染病対策として隔離用の貨車1両まで用意されていた[75]」

およそ5000人のロマはトムスク中継収容所でしばらく過ごしてから、川船でガルキンスカヤ管区の「移住地」に護送された。数週間後、このロマのほとんど全員が逃亡した[76]。

＊ 本書102‐103ページ参照。

1933年7月のおわり、モスクワとレニングラードで一網打尽にされた（合計3000人の）社会的に有害な階級脱落分子がトムスク中継収容所に到着した。この機会にグラーグ次長で特別移住局長のプリネルはゲンリフ・ヤゴダに、国の最果てに追放されてきたこの集団の今後の運命について、明確な疑問を呈した。この紛うことなき「ゴミ捨て場」から多くが逃げ出してしまい、結局のところ警察行動のすべてが「犯罪者を一カ所から別の一カ所に移し替えるにすぎない」徒労におわり、警察関係者は不満と失望を味わっていたのだ。このグラーグ高官にとって「社会的に有害な分子」は、もう労働村に送るべきではなく、「他の移送者の集団に悪影響をおよぼさないように[7]」収容所に送るべきだった。プリネルの提案は、そのときは棚上げされた。ところが「ナジノ事件」がスターリン本人の耳に入るや、それはただちに実現にむかうことになる。

シブラーグ指導部が1933年5月に練りあげた「1933年度労働入植者の新規割り当て分の移住計画」の最終版によると、アレクサンドロ＝ヴァホフスカヤ管区は少なくとも2万人を受け入れなければならなかった。「ナジノ事件」があったために、新しい移住者割り当ての送り出しは数週間遅らせることになった。だが6月末から、新たな「階級脱落分子」1068人の護送隊が、今度は最低限の道具、機材、2カ月分の食糧を持たされてアレクサンドロフスコエ村にむけて送り出された。これにつづいたのが7月14、18日にトムスクを出発した2護送隊である。これら3護送隊は、オビ川とパニア川の合流するナジノから100キロ上流の地点で下船した。フロロフ指揮官と党地方「ボス」ヴラソフが送った報告によると、「最初の階級脱落分子の送り出しと受け入れにさいして犯されたまちがいは繰り返されなかった」[78]。こうして、惨めな状態（その3分の1以上はひどく痩せてぼろをまとい裸足）で到着した移送者は、7月4日ヴェルフニアヤ・パニアの下船場では「はじめにソバのスープ、500グラムのパン、その2、3日後に干し魚」をあたえられた。そこには「公衆浴場」が3カ所あり、「下船後2、3日で体と衣服の徹底した消毒」がおこなわれた。ヴラソフは報告している、「この完璧な受け入れ体制のおかげで、老人かまたはひどく痩せ衰えた若い浮浪者の集団であるにもかかわらず、護送途中で4人が死んだほかには到着後はじめの数日で23人しか死ななかった」[79]

1週間後、全移送者は船でパニア川を数十キロさかのぼった「最終移住地」に運ばれた。移送農民からなる2作業班の大工が「リブトレスト社から貸し出され」、階級脱落分子が小屋、ストーブ、パン焼き窯を作るのを手伝うことになっていた。しかし「完璧な受け入れ体制」という潤色にいささか微妙な含みをもたせて、ヴラソフは移送者の大部分が労働を拒否して逃げ出そうとしたと認めている。340人が定住させられたネクラソフカでは、パニア川沿いの「特別村」で小屋建設に加わったのは90人足らずで、ほとんどは「時間つぶしに魚を釣っていた」。最終移住地に到着して1週間後には、すでに120人が逃亡していた[80]。これは、管理と警護の人員不足によって「見逃しておけ」という風潮が助長された。ヴェルフニアヤ・パニアに7月4日に下船した1068人の移送者護送隊の監視兵は10人だった。到着するやいなや監視兵たちは、もっと奥で「危険な犯罪者の番をするために」タイガに入るのを拒絶、トムスクに帰せと要求しはじめた。しかし、脱走兵として即刻逮捕するぞと脅され、かれらはやっと留まった[81]。この状況の極めつきは止まらぬ共食いだった。7月10日、3人の移送者が人肉を食べているところを逮捕された。この3人はヴェルフニアヤ・パニアを脱走したあと数日間タイガに迷いこんでいたのだ。そして別の脱走者の集団と出会い、1頭の「牝牛」を犠牲にすることで意見が一致した。人肉を食べた他のふたりは二度とみつからなかった。「タイガをさまよう人肉食いは「特別村」の周辺であらゆる類の反ソ流言飛語の元となり、緊張をつくりだしている」と党責任者は結論づけた[82]。

以上のような現地からの報告は、上層部で交わされた電報とはまるで対照的だった。たとえば、ウラジオストクへの途中ノヴォシビルスクを通ったグラーグ局長マトヴェイ・ベルマン宛に1933年7月11日にゴルシュコフが渡した文書には、「ナジノ事件は決着した。状況は完全に掌握されている。バラック、公衆浴場、消毒室、倉庫の建設は順調、冬用の衣類配給、食糧貯蔵も同様に順調である。特別移送者の大多数はよく働いている。開発計画は予定通り実施される[83]」

党地方指導部とシブラーグの上層部はたがいに了解のうえで「ナジノ事件」を矮小化し終結させようとした。しかしそのころ、ナリム地方党委員会教育宣伝係で地方新聞の通信員でもあった若い共産党員ヴァシリー・ヴェリチコは、アレクサンドロ＝ヴァホフスキー地区にある「労働入植」の実態を自分で調査しはじめた。いったい自分で思いついたのか、それとも地方新聞の注文があったのか？この点ははっきりしない。ひとつだけ確かなのは、「特別移住者」問題はタブーどころではなく、その逆だったことだ。特別移住者が住民の大部分を占める地域で、移住者の「経済的成功」と「正直で勤勉なソビエト市民への変身」は、地方新聞に宣伝記事として載るのがふつうだった。ヴェリチコは現地で3週間近くを過ごした。ナジノ島だけではなく、ナジナ川に沿った5、6カ所の「移住場所」にも行った。調査をおえたヴェリチコは、地方紙用の宣伝記事を書かずに、長い報告書を直接の上司であるナリム地方党委員会書記レヴィツ、ロベルト・エイへ、そしてスターリン本人に送った。25歳になるかならないかの若い下っ端の党員にしては、これは思いきったやり方にみえるが、実際にはそれほど異常なことではなかった。実はスターリンは、「下部党員」が党の上下関係を無視して自分に直接地方で起こっていることについて「合図」を送ることを奨励していた。地方党責任者が部分的で潤色した情報しかモスクワに提供していないと深く疑っていたからだ。ヴェリチコは熱心な共産党員であり、ソ連でもっとも住みにくい地方へ「富農分子、階級脱落分子」を移送すること自体はもちろん疑問視していなかった。ヴェリチコは「シベリアの一地方の壮大な移住計画の大失敗」が「過ちとでたらめの連鎖」によってもたらされたことを批判するにとどめた。(84) 移送者の到着から新「移住地」への破滅的な撤退まで、ナジノ島で起きたことをくわしく報告したあと、この状況を招くにいたった脈絡を分析し、事実が明らかにした「ふたつの政治的誤謬」を指摘した。地方責任者は「自分たちに任された人びとをどう扱うべきかをまったく理解していなかった」こと、「おそるべき労働力の浪費」はナジノ島からの撤収でもおわらず、新しい「移住地」でも大量犠牲者を出しつづけたのだ。ヴェリチコによれば、トムスクから到着した6600人から6800人のうち、8月20日にはわずか2200人足らずしか生き残っていなかった。(85)

この報告でヴェリチコは、「党員をふくむソビエト政権に社会的に近い人びと」の不法逮捕と不法移送に多くの言葉を費やしている。「このひとたちの大部分は死んだ。かれらは虚弱だった」。ヴェリチコのもとには30人を下らない人びとが自発的にやってきて、事情を話し、モスクワかレニングラードに帰れるようにしてくれと頼みこんだ。かれらの話を聞いてくれて苦情を伝えようと言ってくれた最初の党専従がヴェリチコだったのだ。フロロフ指揮官は調査委員会での陳述で、ドルギフが管区の責任者に対し、まちがって移送されたと言いはる者のどんな苦情や文句も受けつけるなとわざわざ禁じた、と説明している。もし身分証明書のような書類をみせたら、ただちに没収すべし。フロロフはつづけた。「この書類は盗んだものかもしれない。ある日1人の移送者がそばに来て、自分は党員候補だが[86]、これからはどの共産党細胞に登録したらいいかと訊いた。わたしは党員証を出させた。党員証にはその年の最初の数カ月の党費納入済が記されていた。わたしはその党員証を党地区委員会に持っていった。そこでわたしは言われた、「この党員証は盗んだものにちがいない。党員証をポケットに入れたペテン師、人民の敵以外の何者でもない[87]」。しかし、移送者のなかには書面で抗議する者がいるかもしれないとシブラーグ職員が心配する根拠はまずなかった。ヴェリチコは報告でこう言っている、「管区の職員でさえ、白樺の樹皮に予算や会計を書きつけていた[88]」。これは些細な一事だが、ソビエト世界の果てでどれほど物資が欠乏していたかを雄弁に物語っている。

ヴェリチコが書いたスターリン宛の長文の手紙（約20ページ）はトムスクから発送され、1933年9月のはじめに宛先に届いた。スターリンは政治局員のあいだで回覧させた。この手紙の下の余白にはカガノヴィッチ、ミコヤン、モロトフ、カリーニン、クイビシェフの署名があり、党最高幹部が「ナジノ事件」を知っていたことを証明している。9月23日に政治局は、中央監査委員で労農監督人民委員次席の党高級職員に事実調査を命じた[89]。かれは党責任者、検事局、OGPU、グラーグの代表からなる調査委員会を設けた。この委員会は数週間を現地で過ごし、ナリム地方の諸管区の移送者の状況を調べた。いわれなく移送された数百人の生き残りの唱える異議の根拠を確かめ、ツェプコフからシブラーグ長官にいたる「ナジノ事件」の主たる責任者から聞き取りをおこなった。

ナジノへ向かう途中、委員会はいくつかの「特別村」を訪れたが、どれもが公式報告とはちがって、おそるべき悲惨な状態だった。ベリオゾフカでは、トムスクから到着した移送者682人（男185人、女213人、子供284人）のうち58人が2週間後には死んでいた。[20] ナジナ川沿いの「移住地」に振り分けられた「死の島」ナジノの生き残りたちの状態はもっと悪かった。調査委員会の最終報告ではつぎのように記述されている。

バラックは半分地面に埋まっていた。粗朶《そだ》の屋根なので秋雨がたっぷり降りこんだ。窓はひとつもない。なかには寝台が並び、寝具代わりに干し草が敷いてあった。そこに半裸の痩せこけたシラミだらけの人間たちが横たわっていた。バラックの外では健康な人間が焚火の周りで暖まっていた。……指揮官に「移送者はなぜ外にいるのか？」と訊くと、答えは「階級脱落分子はみな焚火のまわりで暮らすのが習いだ。いつもそうしていたし、ここでも同様だ」。われわれは、結核、梅毒、壊血病にかかった病人たちやひどく痩せ衰えた人間が詰めこまれたバラックも訪れた。だれもが、何週間も取り替えられていないために反吐のでるような悪臭を放つ干し草を敷いた寝台に横たわっていた。「なぜこんなありさまなんだ？」との質問に答えはこうだった。みんなずっと病気で痩せていた。ともかくなにもないのだから治療の施しようがない。……寝たきりの病人は少なく見積もっても800人はいた。……数少ない健康な者はのんびりバラックを建てていた。調査委員会はたったひとつの移住地でだけ、およそ1ヘクタールの狭い土地が開墾され種が蒔かれていたのに気づいた。[91]

調査委員会は監査旅行の途次、「階級的感性を喪失」し「倫理的・政治的に堕落」していると地方党機関と管区の職員たちを非難した。そしてそれが「きびしい環境での長い孤立」によるものだと分析した。「ナリム地方の共産党員は党機関紙の熟読よりも熊狩りに熱中した」と委員会報告は強調している。[92] 調査委員会には移送者の「移住地」の監査の他に、いわれなく移送されたと言いつのる人びとの苦情に根拠があるかどうかを調べる使命があった。委員たちは現地で3週間を過ごし、810人を個々に尋問した。そのうち174人は「労働植民者」の身分を解かれ、トムスクかノヴォシビルスクに送還されたが、調査が徹底するまで出身地にもどることは許されなかった。231人は調査を続行するためノヴォシビルスクに護送された。その他240人はシブラーグの通常の段取りで官僚的監査の対象とされたが、これはいい加減な長い手続きで、結局のところ165人の異議申し立てが却下された。[93] 以上の数字は調査委員が調べた事案の大部分が、その異議と苦情に根拠があったことを明快に示している。けれども不当に移送された人びとのうち誰ひとりとして家にはもどれなかった。もちろん補償や賠償は一顧だにされなかった。

委員会は最後に、生存者を数えて、数カ月前に発動された「入植」作戦の総合評価を試みようとした。5月14日以降アレクサンドロ＝ヴァホフスカヤ管区にむけて送られた1万2889人のうち、*10月半ばには、現地に2025人しか残っていなかった。調査委員会が到着する直前の9月半ばには、健康な移送者1940人がシブラーグの労働収容所に送られていた[94]。その3分の2近くの6324人が、1933年の移送作戦開始以降にこの地区だけで消えてしまったことになる。これがコヴァレフ調査委員会の結論だった。調査報告の作成者は「地方当局からわれわれが得られた数字にもとづく」とはっきり述べている[95]。この数字が装う精密さに惑わされてはならない[96]。ただし大まかな数字だとしても、はなはだ雄弁だ。委員会は約2000人の生存者中50％が病人か寝たきり、35から40％が衰弱者、つまり200人から300人だけが労働に従事できると評価していた[97]。

10月18日、アレクサンドロフスコエにもどったコヴァレフは、グラーグ局長マトヴェイ・ベルマンに電報を打ち、報告の最初の結論を送った。それは「まだ生存している特別移送者の状況を新たに悪化させないように」今後「迅速に生存者の事案を再検討して社会的にそれほど危険でない者は、特別管轄都市での居住を禁じたうえで身柄を自由にし、より危険な者はトムスク収容所に連れもどして少なくとも春までは留めおき、1933年割り当て分の移送者を移住させた場所からすべて撤退させる」しか解決はないとしている[98]。この提案は、OGPU西シベリア全権代表アレクセイエフが数週間前に出した提案と実際に平仄が合っていた。それは、健康な移送者が労働収容所に移送されたあとである[99]。この労働収容所への移送こそ、数カ月来シブラーグの全幹部が求めていたものであった。それは6カ月前にゲンリフ・ヤゴダが提案した「都市の階級脱落分子」を西シベリアの無限の大地に移住

＊　5月18日と26日に約6100人がナジノ島で下船、それに4200人が3護送隊に分けられて（1933年6月29日、7月14日、18日）トムスクから送られていた。

させる壮大な計画の失敗を確認するものだった。

調査委員会は10月31日に報告書を提出した。報告書は、「同志ヴェリチコがJ・V・スターリン宛の手紙で述べた事実は本質的に正確である」と認めた。ところが、委員会のコヴァレフ委員長が2週間前にアレクサンドロ＝ヴァホフスカヤ管区の生存者の今後の運命について出した提案は、最終報告のなかから消えていた。明らかにだれも、トムスク向け移送者の新たな移送を引き受けたくなかったのだ。トムスク市当局は「階級脱落分子」が新たに殺到することを拒否した。トムスク中継収容所はといえば、冬前にナリム地方の諸管区に8000人の移住者を移送する時間がなく「超満員だった」。河川航行の季節はおわり、移住者移送機関のレチトランス社はすでに船の運航を停止していた。「カール・マルクス号」は最後のトムスク－アレクサンドロフスコエ往復をおえてトムスクにもどってきたばかりだった。今となっては、ナジノの生存者をもっとましな場所に撤収させることは不可能だった。

委員会は、シブラーグが「特別移送者の生活条件改善に適切なあらゆる措置を講じた」と述べるにとどめ、「委員会発足時には地方責任者が医薬品、衣類、食糧を調達し、特別移住者に春まで正常な生活を確保できるように、との委員会の要求を満足させるために積極的な努力を払った」[100]と強調した。

11月1日、ロベルト・エイヘを長とする西シベリア党地方委員会政治局は、この地方党最高機関で調査委員会報告を討議するために集まった。会議がおわって採択された決議には「ナジノ事件」に多かれ少なかれ巻きこまれた十数人のシブラーグ幹部への制裁の発表が含まれていた。ゴルシュコフとドルギフは「きびしい叱責」をうけた。だがそれは、このふたりがグラーグ上層部で出世しつづけるのを妨げなかった。下級地方幹部にはさらにきびしい制裁が科された。ツェプコフ、コルバイエフ、クズネツォフ、それにフロロフも党を除名され、逮捕されてOGPU審判所にまわされた。これはOGPU所属員の犯罪と違反を裁く権限をもつ、裁判外の審判機関だった。「1933年ナリム地方植民国家計画実施のサボタージュ」の咎で1年から3年の収容所送りの審判決定が下された。最後に、特別移送者にたいする重大な「職権濫用」(殺人、暴行、加害)が顕著だった15人前後の特別村指揮官と監視兵はOGPU部内懲罰機関にまわされた。[101]

さらに、西シベリア地方党政治局の決議は「都市階級脱落分子がシベリアの大北部に入植するにはまったく適していなかった」ことを認め、党中央委員会におなじような集団を西シベリアに将来送ることはこれでやめるよう要請した。さらにOGPU全権代表に「他所への総撤退を視野にアレクサンドロ＝ヴァホフスカヤ管区に階級脱落分子が今後とも居つづける正当性の問題を検討する」よう求めた。[102]

このまわりくどい表現をもって「ナジノ事件」は終結した。それはソ連最悪の住環境の地方を、特別移送者と「労働入植者」によって開発するという「壮大な計画」の実施が袋小路に入りこんだことを意味していた。

むすび

「共食いの島」のできごとは、他の多くの強制移住にくらべて裏づけ資料が例外的に豊富な例である。この事件はわれわれに何を教えているだろうか。第一に、ユートピア実現に着手することがいかに血まみれだったかを明らかにしている。それはソビエトの特定の地域、とくに都市の「社会に有害な階級脱落分子」をシベリアの「ゴミ処理場」へ強制移送することによって都市を「清掃」あるいは「純化」するという目的の官僚的・警察的計画であり、社会工学の途方もない事業だった。また、いまだにほとんど知られていない、第二のグラーグとされる「特別移住」制度の機能を理解させてくれる。この制度は四半世紀にわたり労働収容所制度と並行して発達し、増殖した。1930年代はじめにソビエトの「極東」をおおった極端な暴力の環境をしめすナジノ事件は、ソビエト辺境の、全体として制御不能の地域で起きたことと、そこで猛威をふるった暴力がどんなものだったかを雄弁に物語っている。結局ナジノ事件は、極限状況におかれたひとつの人間集団を人類学的に観察するすぐれた実験場だった。それは紛うことなき野蛮化の過程をへた結果、堕落して限界を超えたのである。(1)

1933年はじめに政治警察責任者によって提案され、スターリンが承認した「壮大な計画」は、その3年前に開始されてほぼ実現された計画、すなわち「階級としての富農撲滅」の自然な延長線上にあり、その第二段階だった。この1930年に開始された計画には二重の目標があった。農村の強制集団化に抵抗・反対する可能性のある分子を、秘密指令で使われた言葉を借りれば、「摘出すること」、そして、シベリア、極北、ウラル、カザフスタンの荒れ果てた膨大な空間に植民することだった。最初の目標は、権力獲得以来ボリシェビキが明言していた未来図に対応していた。この未来図によると階級対立を経験した農村社会は、ソビエト政権に敵対する度しがたい「分子」を内包していた。第二の目標は、「社会主義建設」の着手にさいして、いくつかの広大な過疎地に労働力を強制入植させて開発する大規模計画と符合していた。このふたつの目標はつぎのような新国家についての確信にもとづいていた——新しい国家が、科学的認識と社会の歴史的発展の支配法則を熟知することを基礎に建設されているからには、社会を造形することは可能であり、また建設途中の社会から、新社会主義社会を「汚染」したり敵対しながら寄生する有害分子を摘出することは可能だ、という確信である。

この社会工学では、「数字の文化」が政治、経済、社会のあらゆる面で蔓延し、いい加減な「富農排除達成枠」、詳細なマラリア撲滅計画、文盲退治曲線、生産五カ年計画などが乱造されて中心的な役割を果たした。これは1930年から31年にかけて各地方に当てはめられた「富農排除達成枠」や OGPU特別移住局の各部局が練りあげた無数の強制移住計画によって証明されている。(2) 本書の土台になったすべての原資料には数字の妄念が取り憑いている。モスクワで企画された全体計画の数字、地方当局が「出し惜しみした」数字、管区責任者に送付された「移住させる階級脱落分子」の数字化された計画、護送隊の船に乗っている「痩せた人間とシラミのたかった人間のパーセンテージ」、「達成した大記録」(65日から70日でわれわれはナリム地方の植民に成功した。これは帝政が300年かけてもできなかったことだと西シベリア特別移住部の責任者は胸をはって断言した)、そして随所に浸透した数字の文化は、「処理すべき大衆」(移送計画の決定者と実行者の両方が使った表現)を、個人としての存在をなくして「分子」化した社会にたいするユートピア的支配を正確に表現しているのだ。

この「数字の文化」と並行して、「計画化の美学」[3]がわれわれのテーマとの関連で浮かびあがってくる。この美学なるものが、抑圧的な軍隊規律で管理される「特別村」と、移住者居住地からなる整然たる制度を創ろうとするユートピア目標とが切り離せないことは明白だ。官僚文書には、実験的な特別村がいかに理想的に機能するよう想定されていたかをしめす計画、図式、企画で溢れている――標準化された小屋、「消毒所」(衛生に取り憑かれていることが随所にみられる)、移送者に配られる印刷物の種類にいたるまで定める微に入り細を穿った内規、監視構造、組織化、労働による再教育[4]。「大転換」*の初期には、特別村と移住地は下記のOGPU長官ゲンリフ・ヤゴダが1930年4月に作成した驚くべき案がしめすように、収容所に代わるものとして検討された。

収容所問題は再考されるべきである。現在収容所は、われわれがその労働力を日々利用する収容

＊ 1929年にスターリンが発表した論文の表題。1921年からレーニンが実施した戦争で荒廃した経済を建てなおすため、農商工業の一部私営化を許すネップ(新経済政策)と決別して、農業集団化と重工業化を促進する政策に転換するとスターリンは宣言した。(訳注)

者の寄せ集めに他ならず、長期的にみればわれわれにも収容者にも、なんの見通しもあたえない。収容所は入植者居住地に変えるべきだ。……つまりわたしは収容者全員を入植者に変えよと言いたい。やり方はつぎのとおりだ。特定の収容者集団（たとえば1500人）に森の一部を割り当て、そこに入植する小屋を建てさせる。希望する者は家族を呼びよせられる。村毎に管理責任者を1人選ぶ。1村200から300家族。森林の伐採作業をおえれば、野菜を栽培し、豚を飼育し、牧草を刈り、魚釣りをしたりするのは自由だ。最初は食べさせねばならないが、すぐに自給自足するだろう。移送者と流刑者は収容者として扱われ、入植者に変えられる。冬場は入植者全員が薪割りやわれわれの命令にしたがい、あらゆる作業につく。入植すべき地域は石油、石炭を無限に埋蔵している。わたしは数年足らずでこの入植地を真のプロレタリア都市にできると確信している。(5)

このユートピアの第三の側面は、農村や都会からの追放の烙印を押された集団を擬似分類するものである。これらのグループは僻地移住か収容所送りかを、裁判外行政手段か、もっと簡単な警察の一斉検挙によって決められる。数合わせ計画と地方警察官任せのまったくでたらめな犠牲者分類（「富農撲滅」運動の最中だったから農村では隣人の恨みで左右されたりした）とが混在していた。

「富農撲滅計画」は、OGPU指導部が夢見た「確固たる目標」と「制御された数字枠」にもとづく計画作戦からは程遠く、混乱と無統制の過程として展開された。OGPU責任者の内部報告を読むと、「逮捕が適切な者」を逮捕していないと地方当局をさかんに非難している。これは驚くには当たらない。そもそも「富農《クラーク》」(6)とは何かをだれも厳密に定義していなかったのだから！　おなじシナリオが1933年にも再演された。まったくのでたらめな「階級脱落分子」「社会的有害分子」という擬似分類のインフレーションである。しかし1933年春の一斉逮捕による移送については、残念ながらわれわれはまことに断片的な情報しかもっていないが、それにくらべると「ナジノ事件」は正確な実例をもとにしており、どんな状況だったか、警察のやり方がどれほどでたらめだったかを明らかにしている。「数字の裏づけのある結果を出す」ために警察は躊躇せずに老人、病弱者、家庭の主婦、その他「ふつうの」市民を逮捕した。この人たちのたったひとつの咎といえば、身分証を持たずに外出したこと、あるいは「大声を上げた」ことだった。スターリンの好きな表現を使うと、この「成功による幻惑*」、この「行政の熱狂」は、官僚的統制と審査のメカニズムを揺るがすにいたった。しかし審査なるものの目的は、そもそも不正をみつけることや、なんらかの合法性を回復することではなく、人間の住めないような国土を「役立たせる」という大ユートピア計画の失敗の理由と、制度の機能不全の理由とを、政治的に説明することにあった。

この機能不全、中央・地方間の官僚的関係、そして「特別移住」制度にかかわった担当者たちについて、「ナジノ事件」は貴重な説明をあたえている。ソビエトでは1930年代のはじめから、国土の「合理的」かつ序列化した分類の素案が検討されはじめた。1933年の「国内旅券制度」作戦と強制移住[7]のキャンペーンの意味はそこにあり、シベリア、北極地方、カザフスタンは「ゴミ捨場」と

＊　スターリンは1930年3月に発表した論文「成功による幻惑――農業集団化運動問題について」では、行き過ぎを警告しつつ目的達成を党員に要求。（訳注）

して分類され、そこには社会主義のショーウインドウである「特別管轄」都市、モスクワ、レニングラードその他の大都市の汚染分子を放逐する。シベリアの政治責任者たちにとって、数十万の社会的不可触民の一斉流入（到着と同時にその多くは逃亡して管理不能となった）は、西シベリアOGPU全権代表が率直にいうように「経済的に無価値」で社会的無秩序と不安定のおもな原因となった。共産党シベリア責任者ロベルト・エイへは「特別移送者問題は中央と地方のあいだの断絶が他分野とは比べものにならないくらい大きい」と考えていた。一方では「数字を膨らませ、壮大な計画を立てる」傾向があり、他方では「手立てもないのに記録的速さで多くの人びとをタイガに移住させ、しかも逃亡しないようにする」義務があった。そのせいで裏取引が慢性化する。しかし地方には取引の余地はほとんどない。移送の警察管理と、補給にかかわった無数の行政機関のあいだの連携の欠如、矛盾した指令、絶えまなく起こる不測の事態、そのすべては途方もない遠距離とひどい通信状態によって深刻になる。この構造的な要素に極端な時間の制約が加わる。1933年の大量移送は2カ月か3カ月で実施される必要があった。天候の制約が大きいのだ。こうしたことすべてが、ナジノの殺人的「移送遺棄」をもたらした因果関係を明らかにする要因である。ナジノ事件で設けられた調査委員会の書類のおかげで、すべての段階の実行者たちの役割と自主・率先の程度、それにモスクワで練られた計画についてのかれらの解釈と実行の仕方も理解できる。かれらにはその計画の究極目的がはっきりしていない。しかもほぼ全般にわたって、頻繁な変更が混乱をまねいた――指令と指令取り消し、予定と予定取り消し（2万5000人の移送者を管区でどう配分するか、それが1万5000人になり、5000人になる）で当惑し、「都市階級脱落分子」を割り当てられると、どうしてよいかわからない。どんどん奥地へ移送すればいいのか？ シブラーグの下級職員のあけすけな表現を借りれば、「食べさせる」のか、それとも「くたばらせる」のか？ モスクワからアレクサンドロフスコエ村にいたるまで、実務に当たる下級職員にとってはこの仕事はどうでもよいことで、「都市階級脱落分子」をすべからく抹殺すべき存在とみなしたいところだ。おまけに連中は自分たちとは無縁ではないか。

ナジノの物語には語るべき3番目の側面がある。ソビエトの「極東」、果てしなく広がる隔絶した凶暴な空間のことだ。当局の監視が行き届かない不安な空間、そこには社会の周辺に生きる外れ者、無法者が集中し、武装集団が孤立したコルホーズを襲撃し、数少ない「ソビエト権力代表」を殺害していた。恣意と暴力が横行する空間であり、そこでは人命は無価値であり、時として獣狩のかわりに人間狩がおこなわれていた。1930年代がはじまって以降、たぶん全ロシアをつうじてもっとも起業心に富むシベリア農民を根絶やしにした結果、極端な物資の欠乏と飢餓が支配し、それが取り巻く暴力の程度をさらに高めていた空間だ。この空間には、少なくともマックス・ウェーバーの定義する国家、すなわち「合法的・物理的暴力の独占行使によってある地域を支配する法的権利の正当性を主張する制度(8)」はないに等しい。

ところが、この爆発寸前の坩堝《るつぼ》に数十万の追放者が移送され放りこまれたのだ。だから毎年その3分の1が消えたり、死んだり、逃げたりしても、それで驚くほうがまちがっていた。この程度の損失は「実施されている事業との比較では取るに足らない」と決定権者はみなし、意に介さなかった。地方責任者の誰彼が疑念をあらわそうとも、「党路線」と一体となった事業を推進するのは当然だった。

ナジノ島の一連の悪状況（人が住むには極端に劣悪なところに、なんの補給もないまま下船させられ送りこまれた無一物で適応不能な一群の人びと）の結果、移送者の3分の2は数週間のうちに消滅した。この血なまぐさい事件は、あるユートピアの実現と、特別移住という官僚的・抑圧的な制度を機能させるなかで起きた極端で限られたことだったというだけでなく、暴力で溢れかえった場所で起きたのだった。

教育宣伝担当の党員ヴェリチコは、おそらくあの有名なラテン語のことわざ、ホモ・ホミニ・ルプス（人は人にとって狼である）を敷衍《ふえん》しているとは知らずに、スターリン宛の手紙のなかで「ナジノ島で人は人であることをやめた。人はジャッカルに変わった」と書いた。これは、本書でこれまでに触れられなかった第4番目の側面を導く。ここでもちいられた原資料の多くは特殊な性格を帯びていて、むしろ官僚的機能不全がどんなものだったかを語るのに適している。ナジノは文明破壊の場でもあった。物質的文化という水準でみれば、文明破壊のれっきとしたひとつの証言は、中世ロシアでまだおこなわれていた白樺の樹皮に書くという非常に古い習慣が復活したことだった。人間関係という側面で文明破壊をみれば、非常に数少ないがまことに示唆に富んだ原資料がある。それは「ソビエト権力の代表たち」、党地方支部の職員たち、シブラーグ諸管区の職員たち、監視と配置を任務としていた監視兵たちの言葉や行状を記録しており、移送者を容赦なく動物扱いすることによって成立した極端な暴力関係を赤裸々にしめしていることだ。ナジノ島でわれわれが見るのは、大昔の田園的秩序の復活だ。牧羊犬が動物の群れ〔移送者〕に草を食わせ、動物はちょっとしたことでも噛みつかれ、列をつくって獲物を取ってくるように躾けられる。この秩序に従わなかったり、逃げたりする動物は狩られ、人肉を食べる危険な野獣として撃ち殺される。ナジノ島で、完全な統制の下で純化し文明化することを目的とした社会工学ユートピアは、逆説的だが一連の古い風習を表面化させた。その意味でこの事件は全体として、スターリン的な計画とその現実を反映している。

エピローグ　1933―1937年

ナジノ島の行方不明者約4000人は、1933年の全移送者のうちの行方不明者の、せいぜい1%にすぎない。OGPU特別移住局の本部統計ではその年に36万7457人が行方不明になったとされ、この数は1933年1月1日に計上された「特別移住者」総数の3分の1である。(1) 36万7457人のうち1万5106人は死亡、21万5856人は「逃亡」と記録されている。(2) これらの数字の末尾1桁までが正確かどうかは、死亡者と逃亡者の分け方と同様、「特別移住」の実態とOGPU経理部門の作業ぶりから判断すると眉唾ものだ。しかしおおまかな見当はつけられる。伝染病と飢餓と必需品欠乏で根絶やしにされたシベリア、ウラル、極北、カザフスタンの「労働村」のおそるべき状況について、OGPU責任者間で交わされた数百点の極秘報告書が存在し、どの報告書も詳細に描写している。(3)

アルハンゲリスク地方の労働村の状況を描写した1933年3月の文書では、つぎのように記されている。

特別移住者は食べものの代用品として、手当たり次第に根っこや草や犬猫やさまざまな動物の死骸を食べている。そのせいで死亡率は高く、異栄養症の特徴として死体は膨張している。特別移住者は食糧を探しもとめ、近隣のコルホーズで頻繁に盗みをはたらき、結果として農民による盗人のリンチ件数が増加している。深刻な食糧不足のせいで、特別村の生産性は大幅に低下した。痩せさらばえてノルマを達成できず、結果として食糧を減らされ、ますます衰弱し、ついには労働能力をまったく失い、あげくのはてに飢えと衰弱で死ぬ。したがって経済目標はどれも実現されず、年間実施予定の計画はことごとく達成を危ぶまれている。[4]

この報告は、一連の破綻がはじまった原因が、1933年上半期に予定されていた「特別移住者」用補給物資の供給基準が50%から70%も激減したせいだと冷やかに記している。重大な経済危機が起きた「自由になる資源の調整」の言い訳として、ゲンリフ・ヤゴダの壮大な強制移送計画が利用された。[5]

実際に「壮大な移送計画」は、当初の目標の13・4%しか「実現」できなかった。OGPU長官ヤゴダからスターリンに1933年2月に提出されたこの移送計画では200万人が予定されていた。3月になって、政治局はその数字を半分に減らしたうえで、この計画を承認した。結局1933年をとおして実際の移送者の総数は16万8000人、そのうち13万2000人が西シベリアだった。[6] そのかん、スターリンは得意の豹変ぶりを発揮し、この移送計画に突然ブレーキをかけた。環境のきびしい地方の労働力の有効利用と開発に関して、この無秩序のただなかでは経済的成果を出せないと判断したからだ。1933年5月8日、一通の秘密指令が党と政治警察と司法の地方責任者全員に送られた。それは、それまでの数ヵ月に犯された「行き過ぎ」を非難し、「抑圧過剰」の責任を現場職員に転嫁するものだった。現場への責任転嫁は過去にもよくあったことで、めずらしくはない。指令は「残りの富農1万2000家族(4万8000人)」の割り当てを除いて、「農民の大量移送の即刻中止」と「拘留地の混雑緩和」(7)を命じた。この指令にもとづいて「移送目標」は60万人に、その後42万5000人に減らされた。移送対象の分類は6種類から2種類(「富農」と「3年から5年の刑に服す囚人」)に減らされた。(8)「都市の階級脱落分子」と「国内旅券制度作戦において都市を離れることを拒否する分子」を「特別村」へ移送する対象として分類することは、ゲンリフ・ヤゴダの計画で当初予定されていたことだったが、これがあいまいになっていた。この新しい指令はすでに述べたように、警察の行為に影響しなかったのだ。1933年夏をつうじて「階級脱落分子」と「社会的有害分子」のレッテルを貼られた数千人が一斉に逮捕され、なんの裁判も経ずにシベリアとカザフスタンに移送されつづけた。逆に警察の行為は、大量移送にともなう複雑な補給をいっそう攪乱することになった。

この独特の状況下で、「ナジノ事件」はソ連最高指導部の耳に届き、シベリアとカザフスタンの未開の地へ「都市階級脱落分子」を「特別移送」させる制度の信用は大きく失墜した。しかし1933年に起きた特別移住者の人口喪失との関連では、ナジノ島で失った4000人は、決定権者たちにとっては取るに足りない数だった。それよりも、ナジノ事件が「特別移住」の機能不全と経済破綻を明らかにしたことに意味があった。それまで目覚ましく増加していた「特別移住」だったが、1933

年下半期以降、それは突如止まった。それから数年にわたり新しい大量移送はなかったし、[9]「特別移住者」の数は第二次世界大戦のはじめまで減りつづけた。[10] 反対に労働収容所の収容者数は、1933年から急速な増加に転じた。その年には50％増えて[11]50万の大台に乗っている。4年後、収容者数はすでに100万人を数えた。[12]「特別移住地」の飢餓と「ナジノ事件」はグラーグ制度の重心を、特別村から労働収容所へ決定的に移しかえたのだ。おなじころ、10万人以上の囚人の強制労働によって、最初の壮大な計画、白海－バルト海運河が労働収容所の収容者によって完成した。それは「特別移住地」よりも労働収容所のほうが「経済効率」がよいことを政治と警察の指導者たちに確信させたのである。

しかし「ナジノ事件」は都市、なかでもモスクワ、レニングラードなどの「特別管轄」都市から「階級脱落分子」と「社会的有害分子」を追放し「浄化」する政策を止めるものではなかった。都市住民の国内旅券必携作戦で、1年間（1933年8月から1934年8月）に50万人の「社会的有害分子」「寄生分子」「犯罪者」が逮捕され、警察の簡単な手続きを経て都市から追放されるか、労働収容所に送られた。[13] OGPUと警察は1934年夏から、「投機者」にたいして大規模な作戦を開始した。当局は「投機」の定義に、欠乏物資の再販売と、主として新経済政策NEP終結のせいで破産した小商人や職人が関わった無数の小さな密売行為をふくめた。一斉逮捕は市場や駅で頻繁におこなわれ、数カ月で「特別管轄」都市だけで6万人の「投機者」が逮捕されて労働収容所送りとなり、5万人が「社会的に有用な仕事をせずに市場をうろついていた」だけで追放された。[14] 1935年はじめにゲンリフ・ヤゴダとソ連検事総長ヴィシンスキーは、新しい警察委員会の設置計画をスターリンに送った。[15]

この新委員会の権限とは、「国内旅券制度によって把握された矯正不能の泥棒」と、さらに広範囲にすべての「社会的有害分子」を行政手段によって最高5年の収容所送りの罰に処せることだった。この超法規の警察委員会〔ミリツィエスキエ・トロイキ（民警三人組）と称される〕は、「裁判所にまわす法律的根拠のないすべての個人を都市から超特急で浄化できる」と、ソ連検事総長は皮肉な説明を加えている。計画案にはスターリンの書きなぐりのメモが添付されている。「超特急の浄化は無意味。浄化は段階的に円滑に、行政的熱狂に駆られた行き過ぎがないようにすること。浄化完了まで1年と期限を切ること。その他については同意」[16]。新警察委員会は1935年に設置され、2年で30万人以上の「社会的有害分子」に有罪を宣告した[17]。これにはつぎのような人たちがふくまれていた。犯罪のかどで刑を宣告された者、犯罪行為で逮捕された者、「犯罪社会と関係をもつ者」、「職業的」乞食、浮浪者、「逮捕されず、または刑を宣告されなくても、社会的に有用な労働に従事せず、住所不定で犯罪社会と関係をもつ者」、強制移送者、追放されながら指定住所をいわれなく離れた者、「国内旅券制度の規則にくり返し違反した者[18]」

1930年代のはじめから――とくに1924年の「社会的危険性」を定義した法律と関連して――「社会的有害分子」の範疇はどんどん拡大解釈された。収容所送りは最高刑の5年とされるのが普通だった。1930年代半ばに新しい分類として「ならず者」、若年放浪者が追加され、「社会的有害分子」というあいまいな分類はさらに拡大された。警察統計によれば60万人からなる、当局から見てもっとも危険な最大の集団は、1930年から33年にかけて強制移送され、その後指定移住地から脱走した「元富農」と「犯罪者」だった。社会の周縁に住み、身分証明書をもたず、法的資格がなかったにもかかわらず、そのなかには、鉱山（なかでも西シベリアのクズバス炭田）や大規模工事の現場で仕事につけた者がいた。慢性的人手不足のせいで身元調査がいい加減にされたおかげで雇われたからだ。そのほかに1930年代には、独特で特異な犯罪社会に加わった者もいた。かれらは政治的強盗団とふつうの強盗団のどちらにも分類できなかった。また、警察要員は増えつづけているのに、ウラル地方とシベリア、とくに強制移送地と社会の周縁に生きる者の集中地では強盗団が跋扈した。[19] 1930年代半ばにはシベリアのトムスク、ノヴォクズネツク、ノヴォシビルスク、オムスク、ケメロヴォは犯罪率からみてもっとも危険なソビエト都市だった。

1937年から、NKVDは社会周縁分子と「社会的有害分子」についての見方を大きく変える。国際的な緊張の高まりを背景にして、かれらを「蜂起の巣」として、つまり「外国列強の秘密機関と結んで活動する分裂主義者と怠業者からなる第五列」の潜在分子と見なすようになったのだ。[20] NKVDは、日本秘密機関のためにシベリアを根拠地として活動する「ロシア全軍事同盟」とか、西ウクライナを根拠地とする「ポーランド軍事組織」など、多くの「蜂起組織」をつぎつぎと発見した。NKVD責任者は報告書のなかで、これらの組織が「元富農」や「犯罪分子」を募り、外国列強の目前に迫る攻撃と歩調を合わせて「蜂起」を準備していると説明している。1937年5月、西シベリアNKVD責任者セルゲイ・ミローノフは上司のロベルト・エイヘ宛の報告のなかで「シベリアに居住する20万8400人の特別移送者と犯罪者が日本のための確実な予備軍」であると警告している。[21] ウラル、ソビエト極東、シベリアに、逃亡「特別移送者」が集中している事実は、1937年に開かれた政治局の会議で何度も議題に上がった。スターリンと党幹部にとっては、さらに徹底した「浄化」が必要だった。7月3日、スターリンは党とNKVDの地方責任者に秘密の回状を送り、つぎのように命じた。5日以内に「行政手段による逮捕が必要と判断される元富農と犯罪者の数、そのうち逮捕後トロイカ*の審決によって即刻処刑されるべきと判断される者の数、その他の逮捕・追放が望ましい元富農と犯罪分子の推定数を回答すること」(22)。これに応じて地方責任者は、管轄地方の政治警察・普通警察がすでにブラックリストに載せてあったと思しき「社会的有害分子」の数字をモスクワに送った。7月30日、NKVD長官エジョフ**は「元富農、犯罪者、その他の反ソ分子」にかんするNKVD指令00447号に署名した。この指令は抑圧すべき個人の分類を7つ列挙していたが、例によっていずれも定義があいまいだった。「強制移送を逃れた元富農、社会的有害分子、犯罪集団または反ソ集団

＊　党地方支部第一書記、NKVD地方代表、地方検事の3人から構成される裁判外委員会。審決は密室で下され、即時執行される。被告には弁護人がつかず、上訴権もない。1回の審議で、1つのトロイカが数百件の審決を下した。

＊＊　ニコライ・エジョフ（1895－1940）。仕立屋の見習いから工場労働者となり、第一次大戦に従軍。1917年に共産党に入党し、内戦を赤軍で戦った。各地の党書記を経て党本部の要職につく。1934年に中央委員、1936年からNKVD（内務人民委員部、すでにOGPUを吸収）、そしてヤゴダ更迭の後任人民委員として1937－38年の大粛清を指揮した。第二次、第三次モスクワ裁判を組織、ソビエト最高会議、赤軍指導部の50％から70％を投獄し、グラーグに送り、処刑した。130万人が人民の敵として逮捕され、68万人が銃殺され、グラーグ就役人口は68万5000人と、2年で3倍に増えた。グラーグ移送中と栄養失調と酷使で14万人が死んだとされる。犠牲者の大多数は一般ソビエト市民。スターリンは粛清の目的は達せられたとしてエジョフを利用済みとし、知りすぎのエジョフの排除を決める。1938年4月には水運人民委員を兼務させてNKVDの権限から遠ざけ、1939年4月に逮捕。すでに代理として送り込んでいた腹心のベリヤが後を襲った。エジョフは秘密軍事法廷でドイツ・スパイ、国家財産横領、破壊行為、同性愛などの咎で死刑を宣告され、1940年に処刑された。ただしこの処刑は1948年まで公表されず、しかもエジョフの名誉回復の訴えは、1998年のロシア最高裁判所の判決によって棄却された。（訳注）

に属する元富農、ボリシェビキ党以外の政党の元党員、帝政時代の元役人、元憲兵、過去に白色・コサック・聖職者組織に奉仕した者、元富農のうちとくに積極的な反ソ分子、宗派に属した者、聖職者、犯罪世界と関係を維持する犯罪者（強盗、窃盗犯、累犯者、密輸業者、家畜泥棒）、追放されたか労働収容所に収容された犯罪分子で犯罪行為をつづける者」。この「社会的有害分子」はさらに2つに分類される。1積極的な者、2「積極的ではないが敵対的」。1に分類された者は「トロイカ審判に付したあと即座に銃殺」、2に分類された者は「逮捕後トロイカで裁かれ、労働収容所8年から10年の審決」とする。第00447号指令は、「1と2に分類されて抑圧される」者の人数を地方毎にノルマとして割り当てた。この数字は当地方指導部とNKVDから前の週に送られた推定に多かれ少なかれ合致していた。指令第00447号が予定していた割り当ては、分類1については7万6000人、2については19万3000人だった。割り当ての多かったのはモスクワとレニングラード、それにシベリアを筆頭とするウラル、アゾフ海、黒海地方など追放者が集中しているソ連周縁部だった。(23)「第00447号作戦」は4カ月の予定だったが、実際には15カ月つづいた。分類2の当初の割り当ては倍増した。「1の抑圧されるべき個人」は5倍となり、合計76万7000人が「第00447号作戦」で逮捕され、そのうち実に38万7000人が銃殺された。(24)

この作戦は1937年7月から1938年11月にかけて発動されたが、十数の「大量抑圧作戦」のなかでもっとも大規模なもので、歴史に「大恐怖」の名でとどめられることになった。150万人以上の個人が逮捕され、80万人が即決の裁判外手続きで銃殺されたのだ。(25) これは何年も前からはじめられ、年を追う毎に激しさを増した一連の作戦の到達点をなしていた。組織的大量殺人行為の過程で、前述のように、「ナジノ事件」はもっとも重要な段階をなしていた。

第00447号指令の冒頭でニコライ・エジョフは宣言した。「ソビエト国家の土台を掘り崩す社会的有害分子を根こそぎ抹殺する」時がきた。「農村地帯に潜む者、……特別移住地から逃亡した者、……都市、企業、輸送機関、大工事現場にうまく逃げこんだ者を最終的に根こそぎにする」[26]。NKVDの地方責任者にとって、第00447号作戦は明らかに、それまでに何年も実施されてきた「社会的浄化」作戦の自然な延長線上にあった。この指令がNKVD職員にどのように提示されたかを、ある地方責任者はつぎのように説明している。「基本的指示は、できるだけ多くの案件を、それもできるだけ迅速につくりだすこと、それらにできるだけ簡単な説明をつけることだった。割り当てノルマには、最近警察に捕まった者全員を、罪を犯していてもいなくても、含めることとされた。……要は、すでに着手された作業を完了し、全国から社会的有害分子を決定的に駆除することが課題だった」[27]

実施の観点からみると、多くの面で西シベリアは明らかに第00447号作戦の「模範」だった。このゴミ捨て場の地方は最初から、割り当てノルマがもっとも多い地方のひとつだった。というのも、1930年代はじめから、この地方には数十万の「元富農」「階級脱落分子」「社会的有害分子」が追放されていたからだ。ノルマは「分類1」で6000人、「分類2」で1万4500人だった。NKVD地方責任者セルゲイ・ミローノフ、グリゴリ・ゴルバッチの精力的な働きで、当初の割り当て目標はすぐに達成された[28]。第00447号作戦発動からわずか数日後に、ゴルバッチはNKVD長官ニコライ・エジョフに書いている。

スタハーノフ*的効率を発揮して、われわれは1週間で分類1の3008人を逮捕した。オムスク地方に割り当てられた分類1のノルマ1000人は粉砕された。最初の段階で、登録済みの犯罪者、社会的有害分子全員、未決の収監者を逮捕した。これからわれわれは河川氷結前の航行可能なあいだに、オビ川沿いに逃亡し隠れている元富農を逮捕する。河川敷から離れた特別村に住む元富農と犯罪者については、沼沢地が凍結して作戦部隊を送りこめるようになる11月以降に狩り出しにかかることを提案する。(29)

1週間後の8月15日、ゴルバッチはエジョフに新たな電報を送った。「8月13日にオムスク地方の5444人を逮捕した。わたしは分類1で8000人のノルマの割り当て増を懇請する」(30)。5日後、スターリンはゴルバッチの要請電文に手書きで「8000人のノルマ増加を承認」と書き添えた。このノルマ超過は、スターリンとエジョフが認めた多くの「補足ノルマ」の第1号だった。

他方、西シベリア党書記ロベルト・エイへは、9月20日に「分類1の分子」3000人の増加を要請し、これも認められた。監獄は溢れかえっていたが、新しい収容所の設置(指令第00447号で予定)は官僚的手続きのせいで捗らなかったので、いちばん簡単な解決は即決審判手続きを加速させて処刑人数を増やすことだった。1937年10月はじめに、西シベリアだけで指令第00447号作戦の枠内で3万5000人以上が逮捕され、そのうち2万3000人が分類1だった。さらにそのうちですでに1万9000人は処刑済みだった(31)。作戦はまるで「内敵」に対する軍事掃討作戦のように準備、実行された。地区ごとに、NKVD工作員と「労働民警**」の一部、それに若干の党員まで加わって新たに編成された「作戦集団」が、逮捕のノルマ実施を命じられた。押しなべて最初の割り当てノルマはNKVDか警察があらかじめ作成してあったブラックリスト（逮捕後か単なる不審尋問時に記録した名前を載せている）にもとづいて決められたが、それだけでなく、徴税者名簿や人口調査名簿（元地主、元帝政官吏、元富農、ボリシェビキでない政党の元党員などが狙い撃ちされた）も対象にされた。モスクワの激励と地方責任者の「行き過ぎた熱意」がいっしょになってノルマ超過の力学がはたらき、ノルマは増えつづけた。こうしてノルマ枠をみたす人数が不足すると、NKVDと普通警察は使い古された有効な方法で駅、市場、さらには、「投機」、物乞い、「寄生」を禁止する無数の法律に違反して社会の外縁にいる者が頻繁に出入りする場所で一斉検挙をおこなった。[32]けれどもシベリアのような強制移送地では、敵の最大の予備軍は、「特別移住者」だった。1930年代はじめに強制移住させられた「元富農」や「階級脱落分子」は格好の標的となった。そして「労働村」は無尽蔵の獲物がいる狩猟場だった。

1937年8月から1938年11月にかけて、西シベリアで展開された「大量抑圧作戦」の枠内で処刑されたおよそ5万人と、グラーグに送りこまれた3万人は、「特別移住者」、「元富農」、その他の都市出身「階級脱落分子」からなる周縁社会に属していた。[33] 1937年から1938年にかけて、こ

＊　ウクライナ、ドンバス炭田の炭鉱夫アレクセイ・スタハーノフ（1906－1997）は1935年8月のある日、1日の割り当てノルマの14倍を6時間で掘った。それを好機として共産党は生産性向上と労働意欲高揚のためにスタハーノフを模範とするよう、その名前を冠した運動を全国全産業で展開し、反対者は破壊者として抑圧した。スタハーノフにはレーニン勲章、労働赤旗勲章などがあたえられた。（訳注）

＊＊　普通警察のことで、政治警察と対照をなす。

の地方全体が、ソビエト収容所群島をなす巨大な「死者たちの島」のひとつになったのである。

謝辞

最初にノヴォシビルスク科学アカデミー歴史研究所のセルゲイ・クラシルニコフに感謝する。10年ばかり前、かれに教えられてはじめてわたしは「ナジノ事件」に関心をもった。その後もかれは遠隔地から新聞の切り抜きやコピーを送って、わたしにこの事件の研究の進捗状況を余すところなく知らせてくれた。またロシア連邦保安庁公文書館（TsA FSB）館員、タティアナ・ゴリシュキナの懇切な応対と助言に感謝する。

同僚であり友人でもあるクリスティアン・イングラオには多くを負っている。いつでも助言を惜しまず、各章ごとにさらに渉猟すべき資料を示唆してくれただけでなく、わたしが本書の出版の意義について迷うたびに励ましてくれた。

カトリーヌ・グセフには、たいへん役に立った注意ぶかい通読と親切かつきびしい批評に、アンリ・ルソ、ステファヌ・オドアン＝ルゾ、アネット・ベケル、クリスティアン・ドルラージュには、その批評と批判と助言に感謝する。

最後に、最初に下読みをしてくれたエヴリーヌとメアには、助けと忍耐と支えに感謝する。

訳者あとがき

本書は Nicolas Werth, *L'île aux cannibales, 1933: Une déportation-abandon en Sibérie*〔共食いの島、1933年——シベリア強制移住と遺棄の一例〕(Paris, Perrin, 2003) の翻訳である。

著者のニコラ・ヴェルト(1950年パリ生まれ)はサンクルー高等師範学校卒業、歴史教授資格者で、ソ連史とくに1920–30年代の政治社会史の専門家。上海、モスクワ、ミンスク、ニューヨークで教鞭をとり、1983年から89年のペレストロイカ期には文化アタッシェとしてモスクワのフランス大使館に勤務した。1989年からフランス国立学術研究所(CNRS)に研究員として在籍、2015年にCNRS付属現代史研究所上席研究員を最後に退職し、その後も執筆と講演を活発につづけている。

著書は『スターリンの下で共産党員であること』(1981年)、『ロシア革命から農業集団化までのロシア農民の日常生活』(1984)、共著『ソビエト秘密報告——秘密文書に見るロシア社会』(1995)、『ソ連史——レーニンからスターリンまで』(1995)、『1917年のロシア革命』(1997)、『ソ連史——フルシチョフからゴルバチョフまで』(1998)、『モスクワ粛清裁判 1936–1938年』(2006)、共著『農民に敵対するソビエト国家——政治警察(チェカ、OGPU、NKVD)の秘密報告 1918–1939年』(2011)、『コリマの道』(2012)、ロシア人研究者との共編『グラーグに関する証言と文書』全7巻（2017）など多数。ロシアで出版された『ソ連史』はたびたび版を重ねている。なお、邦訳のある著作は本書の「著者略歴」に列挙した。

ここで著者の父、アレグザンダー・ワースに触れておきたい。1917年のロシア革命の騒乱時に、家族とともにペトログラード（現在のサンクトペテルブルグ）からスコットランドに移住して帰化し、グラスゴー大学でフランス問題を専攻したジャーナリストだ。独ソ戦中はBBCの特派員として週に一度、ソ連からロンドン向けに迫真のニュースをBBCの電波にのせた。

マイダネク殺戮収容所（ポーランドにあったナチ・ドイツの6絶滅収容所のひとつで、犠牲者は13万人）が赤軍に解放されたときに立ち合っている。そのあまりに凄惨を極めた描写を、最初BBCはソ連の宣伝ではないかと疑い、いったん放送を見合わせたほどだったという。1964年にロンドンで出版された『戦うロシア、1941－1945年』（邦訳は『戦うソヴェト・ロシア』全2巻、みすず書房、1967、1969）は戦時下にあったソ連の各層の人たちとの密接な接触を記録した膨大なノートをもとに書かれ、当時のソ連を知るのに他の追従を許さないと、今でも評価は高い。1997年に息子のニコラ・ヴェルトの解説を付して再刊されている。

ワースは1969年3月、ニコラが19歳のときにパリで自死した。ニコラが後年語ったところでは、1968年8月のワルシャワ条約機構軍、つまりソ連軍のプラハ占領からうけた絶望感以外に父の自死の説明はつかず、自分はその謎を解くべくソ連研究を志したという。当時父は『平和のロシア』と題する本を執筆していた。このようにして、ニコラのソ連研究は父子相伝なのである。父子のあいだに対ソ認識と感情のちがいがあるのは、世代差も加わり当然だと思われるが、父子ともに「謎のロシア」（チャーチル）

に惹かれたのは疑うべくもない。

ちなみにWerthはドイツ系の姓で、ヴェルト父子は18世紀にロシアに移住したバルト・ドイツ人を先祖としている。その英語読みがワースである。


本書の著者ニコラ・ヴェルトにもどろう。共産主義史の専門家S・クルトワを編者とし、メリア、ヴェルトなど6人の研究者が執筆した850ページを越える『共産主義黒書——犯罪・テロル・抑圧』は1997年にパリで出版された。このなかでクルトワが共産主義の犠牲者数を世界で1億人と主張したせいもあって、当時大きな反響と議論を呼んだことは記憶に新しい（クルトワの唱える1億人犠牲者という累計数字の定義と根拠についての疑問や、共産主義の犯罪分類学的扱いなどについては、ヴェルトは同じCNRSの同僚ながら立場を異にしている。ここでは詳細には触れない）。この本にヴェルトは「人民に敵対する国家——ソ連における暴力、抑圧、テロル」と題する250ページの論文を寄せている。そのなかでヴェルトは、本書のテーマであるナジノ島事件に数ページを割いている。ナジノ島またの名「共食いの島」の存在は、この一文をもってはじめて広く世に知られるようになった（『共産主義黒書〈ソ連編〉』外川継男訳、恵雅堂出版、163－165ページを参照）。しかしソ連時代には1960年代末期ごろから、「サミズダート」（自主出版）といわれる地下出版物によって、すでにこの西シベリア奥地のおぞましい島の名はひそかに流布していた。

そして1988年にはゴルバチョフがはじめたペレストロイカ（改革）・グラスノスチ（情報公開）のおかげで、スターリン時代の圧政の記憶を後世に残そうとするメモリアル協会が事件の究明に公然と取りかかった。著者ヴェルトが認めているとおり、本書の成立は同協会の努力におおいに助けられたのである。

党と秘密警察の極秘文書の一部は、ソ連の自壊後の混乱期に、流出したり開示されたりした短い時期があった。そのような一次資料が閲覧できたのは、いわゆるスモレンスク文書がドイツでアメリカに押収され、戦後アメリカで公表されて以来はじめてだろう。スモレンスク文書とは、1941年にモスクワに攻めあがるドイツ軍が途上の要衝スモレンスクを占領し、同市の党・政府機関が倉皇として脱出したときに残していった機密資料を入手したものである。スモレンスクといえば、ドイツ軍はその郊外のカチンの森で、ソビエト秘密警察によって虐殺されたポーランド将校たちの遺体を発見している。一方で政府文書の持ち出しや焼却を忘れながら、ソ連の秘密警察は他方で、スモレンスク監獄の政治犯たちを殺してから逃げることは忘れなかった。

だがプーチン政権になって、ソ連時代の文書の閲覧は国益に反するとして制限されるようになった——ロシアの過去は栄光に包まれるべきだ。下世話に言い換えるならば、臭いものには蓋をすべきだ、と。過去を管理する者は未来を支配できる。ロシアでは教科書の記述においても、スターリンの肯定的再評価がみられるようになった。

ヴェルトは、スターリン宛の無名の一地方党員の直訴状によってナジノ事件が党組織内で露見したあと、その処理をめぐって党・政治警察がやり取りした記録を発見し、綴れ織りのように織り上げて書いたのだった。その一次資料自体は、党と政治警察の事件関係者が遁辞を弄して責任逃れに汲々としている退屈な官僚文書である。ふつうの頭の持ち主には読むに堪えないだろう。ヴェルトは事実を淡々と綴って事件を説明している。

では、この事件を必然させた大きな政治的背景を見ておこう。1929年にスターリンは、トロツキーやブハーリンなど、いっしょにレーニンを取り巻いていた同輩、政敵を党内闘争で打倒した。これが〝大転換〟と自讃する新政策、いわゆる上からの革命の開始となる。階級としての富農の撲滅、農業集団化、第一次重工業化計画が着手された。

穀倉地帯ウクライナでは飢饉が起きる。農村を捨てた農民たちは大都市へ大挙流入し、犯罪が猖獗をきわめる。帝政時代の長い伝統だったシベリアへの集団流刑、あるいは強制開拓植民の政策が継承され、強化されて、政治警察にグラーグ（矯正労働収容所管理総局）が組織される。ここは強制移住と膨張拡大する強制収容所を掌握し管理する専門部局だった。

この巨大な歯車の回転に巻き込まれたナジノ島の6000人は、グラーグ犠牲者の総数にくらべればコンマ以下のパーセンテージにすぎない。しかし、これは癌の診断において病理検査の顕微鏡下に見える細胞のような役割を果たしている。それが著者のいうミクロヒストリー（あるいはミクロイストワール）の意味するところだろう。ナジノ事件をとおして、スターリンの恐怖政治、収容所群島、秘密警察、ソビエト官僚制、ディストピア、極限状況における人間の行動、文明から野蛮への先祖帰りなどが観察できるからだ。

西シベリアは広大な低地260万平方キロ、中央部を流れるオビ川は長さ3600キロ、北流して北極海に注ぐ。流域中心都市のひとつであるトムスクから北に約900キロ、オビ川に芥子粒のように浮かぶのがナジノ島だ。オビ川の解氷を待って1933年5月、このトムスク中継収容所から木材運搬用の平底船で約6000人がつぎつぎと運ばれ、長さ3キロ、幅600メートルの島に下船、遺棄された。食糧もなければ道具も屋根もない。かれらはモスクワやレニングラードから家畜運搬車両に詰め込まれて数千キロをまずトムスクまで、劣悪な食べものをあたえられながら移送されてきた。そこからさらに船で島まで運ばれた。誰もがぼろをまとい、痩せさらばえていた。かれらは元富農や「社会的有害分子」の烙印を恣意的におされた人たちだけでなく、監獄の過密状態を解消するために移住地送りとなった多くの普通犯罪者たちだった。

ナジノ島の対岸に住む村人たちは、飢えにさいなまれた者が弱肉強食の地獄絵図をくり広げ、餓死者の遺体が散乱する惨状を目の当たりにし、お粗末な筏で脱出を試みる者が溺死して遺体が下流の岸に漂着するのを知った。そして監視兵が、逃亡を試みる者を獣同然に撃ち殺すのを見た。こうして小村の住人たちは島を「共食いの島」あるいは「死の島」と呼ぶようになる。それが本書の表題の由来である。

20世紀は戦争と革命と強制収容所の世紀である。ソビエト・ロシアとナチ・ドイツはその典型的な落とし子だろう。また、ソビエト・ロシアなくして今日の中国はなかったといえよう。

ドイツとソ連、どちらの全体主義国家にとっても、強制収容所は国家の本質的属性だった。どちらの国も、国家目的を追求するために恐怖政治を行使して国民を支配するには、秘密政治警察と強制収容所を必要としたのだ。それぞれは独裁者としてスターリンとヒトラーを戴き、どちらも〝社会主義〟を名乗り、掲げる旗の色は似ていて赤色と赤褐色だった。どちらも莫大な犠牲と破壊を自国民と他国民に強いた。

ここは両者の相似と相違を論じる場ではないのであまり立ち入らないが、ソ連の強制収容所は制度としては断然突出していた。その組織、数、規模は桁違いに大きい。史上最大にしてかつ存続期間も史上最長である。ソ連国家の寿命70数年に対し、ナチ・ドイツ国家の寿命はたったの12年。強制収容所についてはソ連はナチ・ドイツの教師のようなものだった。

ジャック・ロッシの『ラーゲリ（強制収容所）註解事典』には、独ソ不可侵条約の結ばれていた短い時期（1938年8月–1941年6月）に、ソ連秘密警察（NKVD）の特別視察団が友好国ナチ・ドイツの懲治制度の研究にドイツを訪問し、ナチ・ドイツ高官がラーゲリの研究にモスクワに来ていたと記されている（邦訳書、145ページ）。全体主義国家の独ソのあいだには親和力がはたらいているではないか。

1918年にレーニンが、打倒したツァー政権と臨時政府の要人たちを隔離幽閉するべく指示して、最初の収容所が造られたのがそのおなじ年。それ以来収容所数は膨張をつづけ、レーニンの歿後スターリンの独裁権力が固まるにつれて、1930年には収容所と強制移住地と監獄を管轄する政治警察の一大部局としてグラーグが設けられるまでになった。それは1953年にスターリンが死ぬと徐々に縮小に向かい、1960年に廃止されたが、1991年のソビエト国家崩壊まで形骸をとどめた。通過した囚人の数は数百万にのぼる。囚人は安価な使い捨て労働力であり、取り換え即可能なものとみなされた。表向きは労働をつうじて、よりよい世界、自由で平等な輝かしい社会主義社会にふさわしい人間に改造することを目的とし、〝矯正〟収容所と銘打たれた。ナチの強制労働収容所の表門に「労働によって自由を」の標語が掲げられていたのを連想させる。「毛穴から血を流して」と形容された労働者の搾取、資本の蓄積であった。急速な重工業化は強制労働によって促進された。欧米からの機械・技術の買いつけに要した外貨は、数百万のウクライナ農民を餓死させた穀物の強奪による輸出と、強制労働によるコリマ金鉱の採掘などによって調達された。大規模な土木建設工事、鉄道敷設には、強制労働収容所の囚人労働力が動員された。ソ連での不法な強制労働から解放された旧日本軍兵士たちを乗せた船が新潟に向けて出港したナホトカ、バム鉄道などはその実例だ。他に例を挙げればきりがない。

劣悪な生活環境と過酷な強制労働で命が安く粗末にされた一例は、白海－バルト海運河の建設工事だろう。全長227キロの運河の突貫工事には1932年から33年にかけて強制労働収容所の囚人50万人が動員され、死者は10万人にのぼった。

ただし、ナチ・ドイツの工場のように稼働する殺戮収容所はソ連にはなかった。ナチ・ドイツはユダヤ人、シンティ・ロマなどの民族ジェノサイドの手段として、ガス室を備えた大量殺戮専門の収容所を必要としたが、政治的反対者とユダヤ系を別として、一般ドイツ国民を対象とすることはなかった。ドイツ国民はこぞってナチ政権を支持したから、その必要はなかったのだ。したがってブッヘンヴァルト、マウトハウゼン、シャウフハウゼン、ダッハウ、ラーフェンスブリュックと暗唱できるくらいの数の本格的強制収容所しかドイツ（併合オーストリアをふくむ）にはなく、それで用が足りた。ユダヤ人殺戮収容所はドイツではなく占領下ポーランドにおいた。

一方、ナチの迫害を恐れたドイツ人（ユダヤ系をふくむ）はトーマス・マン、ツヴァイク、アインシュタインのようにドイツを去り、おもにアメリカ大陸に難を逃れた。ナチ党員とドイツ共産党員はワイマール共和国を打倒するために街頭争乱で共闘したが、ナチ党は政権につくや、すかさず共産党員を、さらに社会民主党員を逮捕して収容所に送った。だが、その数はたかが知れていた。運のよいドイツ共産党員はソ連に亡命したが、亡命ドイツ共産党員の多くは粛清期に銃殺されるか強制収容所に放りこまれるか、ドイツに送還されてゲシュタポに引き渡された。ナチよりソビエトのほうがドイツの共産主義者を殺した数は多いといわれる。これは実にシニカルなブラック・ユーモアではないか（独ソ両方の収容所経験者の回想録としては元ドイツ共産党員、マルガレーテ・ブーバー＝ノイマン『スターリンとヒットラーの軛のもとで』（林晶訳、ミネルヴァ書房）を参照）。

ソビエトでは粛清期には、「人民の敵」とされた国民を収容所に入れるまでもなく、都市の郊外の広大な森の奥で穴を掘らせたうえで背後から後頭部に拳銃一発を発射して葬り、蹴り落とした。モスクワの郊外ブトヴォの森で、最近また新しい多数の粛清犠牲者の遺体がみつかったと伝えられる。

本書に載せてある地図を見れば、ソルジェニツィンの名付けた収容所群島がヨーロッパとアジアにまたがって東西南北と果てしなく広がっていたのが一目瞭然だろう。ソ連は地表の6分の1を占め、世界最多の11の標準時のある、途方もない空間だ。なかでもシベリアはその大きな部分を占め、豊かな資源を埋蔵しながら人口は希薄、長い冬に気温は零下数十度に下がる。帝政ロシアの時代から、そこは反逆者や犯罪者を流刑にする場所だった。シベリアは想像を超える過酷な自然環境と無限の空間からなる鉄格子なき監獄だった。

それはシベリア鉄道でナホトカからモスクワまで旅してみるとはじめて実感する。これはかなり忘れがたい旅になるだろう。ナホトカの太平洋駅からアムール河を渡り、その縁をかすって通るだけでも、まるで海のように水面が果てしないバイカル湖を車窓から右手に眺めながら、列車はシベリアを走る。ノボシビルスクを過ぎ、ウラル山脈に入り、ウラルの中心都市スベルドロフスク（現在のエカテリンブルグ。ここでツァー一家は女性子供もろとも、レーニンのチェカ宛指示電報一本で皆殺しにされた）に着く。ここからさらに西に40キロの地点がウラル山脈の分水嶺で、アジア大陸からヨーロッパ大陸に入る。モスクワはずっと近づく。この無限の空間が年の大部分は酷寒に閉ざされるのだ。実にそのあいだは7000キロの距離である。

ソ連の政治警察は1917年から1930年代にかけ、戦時中には略称をチェカ（1917-1922年）、OGPU（1922-1934年）、NKVD（1934年以降）と何度も変えているが、名は変われども主変わらずで、そのあたえられた主たる機能と役割は、レーニンとスターリンからあたえられたものとおなじだ。OGPUはソビエト・ロシアがソビエト連邦に拡大されてからの名称で、ソビエト・ロシアだけの秘密政治警察だった短い時期にはGPU、連邦を形成してからの名称OGPUに付け足された「O」は「合同」の略語だ。

グラーグが管理する強制収容所制度については、あのソルジェニツィンの叙事詩的な『収容所群島』を嚆矢としてたくさんの本がある。入手できて読みやすい最良の書はアプルボーム『グラーグ――ソ連集中収容所の歴史』（川上洸訳、白水社）だろう。おなじくグラーグが管理する強制移住地（悪条件の遠隔地の開拓入植村、すなわち特別村）の具体例にかんする研究としては、本書が最初でまだ類書をみない。本書の出版の翌年にヴィオラの『知られざるグラーグ――スターリンの特別移住地なる失われた世界』がオクスフォード大学出版局から出ているが邦訳はない。

囚人として生き残り、特筆すべき経験を書いた人たちにはソルジェニツィンをはじめ、ギンズブルグ、シャラーモフなどがいる。さらに強調したいのは、シベリア、カザフスタンなどで苦役に服したわが同胞たちの記録である。その記録の行間から彼の地スターリン獄で歿した同胞6万人の声なき声が聞こえてくるだろう。

日露平和条約の交渉が日程に上っている。「彼を知り己を知れば百選危うからず」という。ロシアは日本に地理的にもっとも近い国でもある。北端の宗谷岬とサハリン南端のあいだは43キロにすぎない。けれども日露の首都はたがいに遠く離れている。そのあいだにシベリアがあるからだが、おたがいを知ろうとしないからでもあろうか。

ロシア史においては、一瞬にすぎないスターリン時代をふくめて現代まで、本質的にロシアはロシアである。その特徴の一つは絶えざる国境線拡大志向だ。最近の例としてクリミアの占領がある。これはタタールの頸木《くびき》が培った防衛本能かもしれない。アラスカのアメリカへの売却は例外だろう。ロシアは、戦争で戦利品として獲得した土地をやすやすとは返さない。為政者がだれであろうと、国民が血を流して分捕ったものは手放さず、国土は死守する。ロシア人があれだけの犠牲をはらってドイツに勝ったのは、スターリンのためでも、背後のNKVD督戦隊の銃口のせいでもない。ドイツの頸木に甘んじなかったロシア民族主義の昂揚が勝利をもたらした。プーチン政権が掲げる旗は大ロシア民族主義の白青赤の三色旗(帝政ロシアの国旗)であることを頭に刻んでおこう。

したがって、いまロシアの歴史と民族性を学ぶことは時宜を得ているかもしれない。1933年、すなわち昭和8年に起きたナジノ事件ひとつをとっても、彼の国を理解する糸口になるかもしれない。それに加えて、これは人間性と非人間性という普遍的な問題を考えさせる事件でもある。人は人にとって狼であるという西洋の諺は、いったい何時になったら忘れられるのだろうか。

この訳書はみすず書房の編集者栗山雅子さんの励ましと助けでできました。ありがとうございました。

2019年1月11日

根岸 隆夫

索　引

＊「オビ川」「都市階級脱落分子」「シブラーグ」「トムスク」など，頻出する項目は省いた．
＊ 原語表記は原書（フランス語）の表記に倣った．

ア行

アチンスク　Atchinsk　83, 89, 142
アレクサンドロ＝ヴァホフスカヤ管区　Alexandro-Vakhovskaia　57, 66–68, 72–74, 77–80, 82, 97, 101, 113, 116, 118, 129, 136, 137, 140–144, 150, 152
アレクサンドロ＝ヴァホフスキー地区　Alexandro-Vakhovskii　67, 101, 141, 146
アレクサンドロフスキー地区　Alexandro-vskii　72, 73, 75, 101
アレクサンドロフスコエ　Alexandro-vskoie　4, 67, 75, 78, 79, 82, 113–115, 118, 119, 123, 128, 134, 135, 137, 144, 151, 152
アレクセイエフ　Alexeiev N.　31, 84, 89–91, 96, 98, 136, 142, 151
アンドレイエフ，アンドレイ　Andreiev A.　52, 53

ヴィシンスキー　Vychinski A.　9, 168
ウヴァロフ，イヴァン　Ouvarov I.　77, 123, 133, 136
ウェーバー，マックス　Weber M.　161
ヴェリチコ，ヴァシリー　Velitchko V.　6, 103, 104, 108, 123, 125, 146–148, 152, 162
ヴォルガ流域（ヴォルガ地方）　Volga　15, 18, 20, 21, 40, 51, 64, 85–87
ウクライナ　Ukraine　15, 18–21, 34, 51, 64, 85, 107, 116, 126, 142, 170, 175
ウラジオストク　Vladivostok　26, 110, 146
ヴラジカフカス　Vladikavkaz　26
ヴラソフ　Vlassov A.　114, 115, 129, 135, 144, 145
ウラル地方　Oural　35, 36, 51, 59, 64, 156, 165, 170, 172

エイヘ，ロベルト　Eikhe R.　32–38, 47, 48, 57, 59, 63, 65, 71, 72, 100, 135–137, 147, 152, 160, 170, 174
エジョフ，ニコライ　Iejov N.　9, 171, 173, 174

オスチア族　ostiak　1, 2, 4, 67, 114, 119
オタニスム　ottanisme　129, 132
オデッサ　Odessa　25, 26, 96
オムク，リディア　Omouk L.　46
オムスク　Omsk　25, 41, 82, 83, 85, 89, 96, 97, 110, 142, 170, 174

カ行

カガノヴィッチ，ラザール　Kaganovitch L.　15, 148
カザフスタン　Kazakhstan　7, 11, 15,

35, 39, 40, 59, 61–64, 127, 156, 159, 165, 167
カリーニン，ミハイル　Kalinine M.　148
ガルキンスカヤ管区　Galkinskaia　137, 143

キエフ　Kiev　26, 96
キセレフ　Kisselev　78, 120
北カフカス　Caucase du Nord　15, 18–22, 26, 34, 51, 64, 85–87, 89, 96, 116, 142
居住禁止措置　97, 104, 105, 151

クイビシェフ，ヴァレリヤン　Kouibychev V.　148
クストプロムソユーズ社　Koustprom-soyouz　80–82
クズネツォフ，ゲオルギ　Kouznetsov G.　83, 96, 111, 114, 116–119, 153
クラーク（富農）　koulaks　→「富農撲滅運動」
『グラーグ案内』（ロッシ）　129
クルイレンコ，ニコライ　Krylenko N.　21

ケメロヴォ　Kemerovo　39–41, 127, 170

コヴァレフ，マクシム　Kovalev M.　103, 104, 109, 110, 151, 152, →「ナジノ島事件調査委員会」
黒土地帯　20, 21, 34, 64
国内旅券制度実施（作戦）　12, 13, 21–23, 26–29, 62, 69, 82, 97, 103–107, 159, 167–169
コシュキン　Kochkine　43
個人農　15–17
ゴスプラン（国家計画委員会）　Gosplan　62, 63
ゴルシュコフ，アレクサンドル　Gorchkov A.　33, 61, 80, 81, 84, 88, 98, 100, 136, 146, 152
コルバイエフ　Koloubaiev　116, 118, 120, 122, 133, 153
ゴルバッチ，グリゴリ　Gorbatch G.　173, 174
コルホーズ（員）　kolkhozes　12, 14–19, 38, 39, 41, 43–46, 52, 54, 67, 76, 85, 93, 103, 107, 108, 115, 140, 161, 166

サ行

ザコフスキー，レオニード　Zakovski L.　53, 54
ザプシブレストレスト社　Zapsiblestrest　57, 81

ジェルジンスキー，フェリクス　Dzerjinski F.　9, 24–26
シハレフ　Chikhalev　123–125
市民権喪失者（リシェンツィ）　lichentsy　27
住民登録　propiska　→国内旅券制度実施（作戦）
シュペク　Shpek　72, 75–77
ショーロホフ，ミハイル　Cholokhov M.　43

スターリン　Staline J.　6, 8, 9, 11, 15, 18–20, 25, 33, 34, 36, 38, 39, 62, 63, 101, 103, 117, 125, 144, 147, 148, 152, 156, 157, 159, 162, 163, 166, 168–171, 174
スレイマノフ　Souleimanov　123–125, 136, 140

ソチ　Sotchi　22, 86, 89–94
ソフホーズ（ソビエト農場）　sovkhozes　32, 39, 44, 46

タ行

タルスク地方　Tarsk　63, 65

チェキスト（政治警察員）　commandants-tchékistes　13, 53, 69, 78, 140
チェリアビンスク地域　Tcheliabinsk　109

ツェプコフ，ディミトリ　Tsepkov D.　68, 77, 79–82, 113–115, 118–123, 126, 131, 134, 135, 138, 140, 149, 153

低ヴォルガ沿岸地方　15, 64

トゥアプセ　Touapse　22, 89–92, 94, 95
トヴェルティン，ピョトル　Tveretin P.　3, 4
特別移住部（長）　6, 55, 65, 69, 70, 78, 103, 120, 127, 129, 131, 132, 135, 137, 138, 142, 144, 157
「特別管轄」都市　26, 27, 96, 97, 101, 104, 105, 151, 160, 168
特別犯罪撲滅委員会　43
ドルギフ，イヴァン　Dolguikh I.　6, 7, 55, 65, 66, 80, 103, 129, 131, 132, 135, 137–141, 148, 153, →「特別移住部（長）」
トルグシン　Torgsin　4, 124
トロイカ審判　140, 171, 172

ナ行

中ヴォルガ沿岸地方　64
ナジノ島事件調査委員会　6, 7, 61, 65, 68, 77, 79–81, 88, 96, 102, 103, 114–116, 119, 124, 125, 129–131, 135, 137, 148–152, 160

ネップマン　nep-man　36, 37

ノヴォクズネツク　Novokouznetsk　41, 170
ノヴォクズコフスカヤ管区　Novo-kouzkovskaia　57
ノヴォシビルスク　Novossibirsk　25, 39, 41, 66, 77–80, 99, 109, 114, 119, 126, 146, 150, 170

ハ行

パイオク　paiok　56, 57, 70
パウケル，カルル　Pauker K.　24, 25
パステルナーク，ボリス　Pasternak B.　42
ハツケレヴィッチ　Khatskelevitch　129
パラベルスカヤ管区　Parabelskaia　57, 58, 76
ハリコフ　Kharkov
バリツキー，フセヴォロド　Balitski V.　19
バルナウル　Barnaoul　39, 41, 65

ピアチゴルスク　Piatigorsk　91, 92
「非常委員会」，政治局　15

ファスト，ヴァレリー　Fast V.　1
フォミチェフ　Fomitchev　17
富農撲滅運動（作戦）　6, 7, 9, 15, 35, 39, 43, 47, 49, 52, 53, 69, 83, 156, 158
『プラウダ』　*Pravda*　26, 117
プリネル　Pliner I.　144
フルシチョフ，ニキタ　Khrouchtchev N.　33, 35
プロコフィエフ，G.　Prokofiev G.　28
ブロック，マルク　Bloch M.　127
フロロフ　Frolov　140, 141, 144, 148, 153

ベルマン，マトヴェイ　Berman M.
11, 13, 14, 84, 98, 146, 151
ベレゾフスキー地区　Berezovskii　38
ペレペリツィン，ニコライ　Perepelitsin N.　68, 72–76

ホブズボーム，エリック　Hobsbawm E.
42

マ行

マグニトゴルスク　Magnitogorsk　26
マケドンスキー　Makedonskii　80, 81

ミコヤン，アナスタス　Mikoian A.　148
ミネラルニエ・ヴォディ　Mineralnye Vody　22, 89, 91–93
ミローノフ，セルゲイ　Mironov S.
170, 173
ミンスク　Minsk　26

メモリアル協会　Association Mémorial
1

モゴチンスカヤ管区　Mogotchinskaia
57, 58
モロトフ，ヴィチェスラフ　Molotov V.
15, 39, 62, 63, 148

ヤ行

ヤゴダ，ゲンリフ　Iagoda G.　7–9, 11–14, 19, 20, 23, 24, 32, 53, 62, 63, 83, 89, 90, 95, 98, 101, 142, 144, 151, 157, 166, 167, 171

ラ行

『ラーゲリ（強制収容所）註解事典』（ロッシ）　→「『グラーグ案内』」

リブトレスト社　Rybtrest　80, 81, 145

レヴィツ　Levits K. I.　135, 147
レチトランス社　Retchtrans　80, 81, 113, 116, 152
レチフロート社　Retchflot　84, 85, 89
レニングラード　Leningrad　2, 5, 6, 22–29, 85, 96, 97, 101–105, 107, 108, 111, 116, 124, 127, 139, 142, 144, 147, 160, 168, 172

労働コミューン　99, 100
ロストフ・ナドン　Rostov-sur-le-Don
ロッシ，ジャック　Rossi J.　129
ロマ　143

注

出典略語

APRF　ロシア連邦大統領公文書館所蔵文書
GANO　ノヴォシリビルスク地域公文書館所蔵文書
GARF　ロシア連邦公文書館所蔵文書
RGASPI　ロシア社会政治史公文書館所蔵文書
ZAFSB　ロシア連邦保安庁中央公文書館所蔵文書

題辞・はじめに

（1） Tzvetan Todorov, *Mémoire du mal. Tentation du bien*, Paris, Robert Laffont, 2000, p. 98–99.

（2） Annie Kriegel, *Les Communistes français. Essai d'ethnographie*, Paris, Le Seuil, 1968, p. 83.

（3） タイサ・ミハイロヴナ，マリア・アフティナ（ハンティ族，1920年生まれ），テオフィラ・ビリナ（ロシア人，1924年生まれ），ナタリア・タナサコヴァ（ロシア人，1918年生まれ），ヴェラ・ペトロヴナ（ロシア人）の証言と，ナジノのできごとの目撃者でアレクサンドロフスコエに流刑されていた教師，イヴァン・ウヴァロフの手記は，1993年4月17日付のトムスクの新聞『ナロードナヤ・トリブナ』（*Narodnaia Tribuna*）に掲載された．

（4） この刊行物はメモリアル協会トムスク支部とノヴォシビルスク歴史研究所により，セルゲイ・クラシルニコフ教授 Serguei Krasilnikov の監修で編纂された．*Cf. Nazinskaia Tragedia. Sbornik dokumentov*〔ナジノの悲劇 資料集〕, Tomsk, 2002.

（5） *Nazinskaia Tragedia, op. cit.*, doc. 33, p. 152.

（6） OGPU（合同国家政治機構）はボリシェビキ政権の政治警察で，フェリクス・ジェルジンスキーが創設，1922年まではヴェチェカ（またはチェカ）と呼称されていた．ジェルジンスキーの死後はルドルフ・メンジンスキーが継いだが，数年来重病を患っていたため1930年からは徐々に権限を次席のゲンリフ・ヤゴダに譲っていた．したがって正式の肩書では，ヤゴダはOGPUのナンバー2にすぎなかった．

第1章 「壮大な計画」

（1） グラーグ（矯正労働収容所管理総局の略称）は1930年に創設されたOGPUの直轄組織．労働収容所と同時に「特別村」（または「特別移住地」）を管轄した．特別村には「都市・農村の反ソ分子」を，たいていの場合は家族毎に，司法手続きを経ずに簡単な行政手続きだけで強制移住させた．

（2） ボリシェビキは農民社会が相互に敵対的な階級に分裂していると考え，農民をつぎの4種に分類した．1）バトラーク（農業労働者），2）ベドニアーク（貧農），3）セレドニアーク（中農），4）クラーク（富農）．富農の基準をめぐっては党内でさえも議論百出だった．年の一時期の農業労働者の雇用，簡単な有輪犂より改良されている耕作機，馬2頭と（または）牛3，4頭の所有は，農民をクラークという不名誉な分類に入れるのに十分だった．実際，1930年から農行集団化と相まって着手された「富農撲滅」が示すように，「クラーク」なるレッテルは集団化に反対するあらゆる農民に組織的に貼り付けられた．その他に司祭，農村に定着していた元帝政官吏，革命後もソ連に残っていた元地主も「クラーク」にされた．

（3） 1930年から32年にかけて，およそ200万人のクラークが強制移住させられた．1932年3月のOGPU報告によると，その時期にソ連にはまだ100万人以上の「クラーク」をかかえる耕作地が20万以上存在した．けれどもこの報告が認めているように，「クラーク耕作地」（数年前の税務書類にもとづく）のほとんどは耕作者が逃亡して荒れ果てており，当時の政治用語でいうところの「自動的富農撲滅」に該当した．これらの「逃亡クラーク」は，当局にいわせると建築現場，工業企業，都市に潜入した．かれらを狩りだし，本性を暴くことは優先課題だった．*Cf.* Nicolas Werth, «Le pouvoir soviétique et la paysannerie dans les rapports de la police politique, 1930–1934〔政治警察の報告にみられるソビエト権力と農民，1930–1934〕», *Bulletin de l'Institut d'histoire du temps présent* n° 81–82, 2003, とくに p. 19–20, 198.

（4） APRF, 3/30/196/127–138. この手書き文書にはソビエト政府ナンバー2の人民委員会議議長〔首相〕ヴャチェスラフ・モロトフとスターリンの興味ぶかい書きこみがある．モロトフ，「ひどく誇張された経費．移住者に負担させるべきだ」，スターリン，「刑務所の詰め込みの解消に役立つよう調整できるならばこの事業は良い計画だ」，「全分子の移住期間を10年以上とすべし」，「この分子の逃亡を防ぐにはどう備えるのか？」

（5） GARF, 1235/2/1521/75–78.

（6） 「階級の敵を探す目安は凶暴な顔つき，出っ歯，猪首，イコンを抱えていること．だがこんなクラークはとっくにいない！　今日のクラークとその類，農村の反ソ分子の大多数は「大人しい」「いかにも優しそうな」それこそ「聖人」みたいな人間なのだ．コルホーズの遠くで連中を探すのは無駄だ．連中はコルホーズの内部にいる」（J. Staline, *Sotchinenia*, vol. XIII, p. 229）.

（7） V・バリツキーからG・ヤゴダ宛覚書，1933年1月22日，APRF, 3/30/189/3-10.
（8） RGASPI, 558/11/45/109.
（9） OGPUの回状50031号，1933年1月22日, TsA FSB, 2/11/6/51-52.
（10） 「偽の出発許可証」の作成を防ぐため，地方当局は1933年1月25日，農村ソビエトとコルホーズ指導部に対し，コルホーズ員の都市訪問を許可する通常の証明書を農民に下付することを禁止した．RGASPI, 17/42/72/109-111.
（11） 1933年3月22日付，G・ヤゴダからスターリン宛の報告「農民の大量脱出をとめるために取られた措置について」．TsA FSB, 2/11/6/393-394.
（12） 1932年末と1933年上半期のOGPU秘密政治部「特別報告」は弾圧の激しさを証言している．この文書の一部については，*cf.* N. Werth, «Le pouvoir soviétique et la paysannerie», *op. cit.*, p. 214-264.
（13） G・ヤゴダからスターリン宛報告書，「ソ連西部国境地帯の粛清作戦」，1933年3月26日，APRF, 3/58/201/75-87.
（14） *Ibid.*
（15） すなわち強制集団農場化と「富農撲滅作戦」が開始された1930年はじめ.
（16） 1933年3月11日に人民委員会議〔政府〕は「拘束場所の混雑緩和」に関する指令を採択（GARF, 5446/1/468/141-147）. RGASPI, 17/162/14/89-92も参照 .
（17） 1933年3月8日付拘禁場所の混雑緩和に関する政治局決議，RGASPI, 17/162/14/76-92.
（18） 1930-1932年に約900万人の農民が強制農業集団化と富農撲滅政策を逃れて都市に居ついた．モスクワ・レニングラード地域の都市だけで農村から来た350万人の移住者を受け入れた.
（19） 1932年11月15日の政治局会議議事録，*Istocnik,* n° 6, 1997, p. 104.
（20） この点については1933年4月4日付政治局決議を参照，「休暇季節のはじまる前遅くとも4月15日までに避暑避寒地のソチとトゥアプセ地域の寄生・階級脱落分子の3000家族とミネラルニエ・ヴォディ地域の寄生・階級脱落分子を強制移住させること」（RGASPI, 17/162/14/108-109）.
（21） GARF, 9401/12/138/18.
（22） 1924年3月24日の秘密決議文はA. I. Kokurin / N. V. Petrov, *Loubianka, 1917-1960. Spravocnik*（La Loubianka, 1917-1960. Guide〔ルビヤンカ案内〕）, Moscou, Iz. Mejdounarodnyi Fond Demokratia, 1997, p. 179-181.
（23） RGASPI, 76/3/390/3-4.
（24） Serguei Krasilnikov, *Marginaly v postrevoliutsionnom rossiiskom obschestve*〔革命後ロシア社会の周辺に生きる人々〕，Novossibirsk, 1998, p. 23.
（25） *Ibid.*, p. 49.
（26） GARF, 393/2/507/52.
（27） 国内旅券携帯の強制については，*cf.* Nathalie Moine, « Passeportisation, statistique des migrations et contrôle de l'identité sociale〔旅券制度，移動統計，社会的身分の管理〕», *Cahiers du Monde russe*, 38, 4, octobre-décembre 1997, p. 587-600 ; Gijs Kessler, « The

Passport System and State Control over Population Flows in the Soviet Union, 1932–1940 », *Cahiers du Monde russe* n° 42/2–4, avril-décembre 2001, p. 477–504.

（28） この分類は1918年から存在した．最初のソビエト憲法にある市民権剥奪はつぎの人々を対象とした．帝政の元高級軍民官吏，聖職者，新ソビエト社会の原則・機能と相容れないと判断された収入のある者すべて，すなわち「不労所得，個人商売あるいは仲介で収入を得る者，利潤を得る目的で賃金生活者を雇う者」，それに「保護監督下にある者，精神病患者」，「なんらかの犯罪で有罪とされた者」．この一連の分類は拡大解釈が可能であり，市民権を剥奪された人の家族全員を包含していた．1920年おわりにソ連には370万人の市民権喪失者「リシェンツィ」（lichentsy）がいた．*Cf.* N. Werth, « De quelques catégories d'exclusion dans l'URSS des années 1920 et 1930: gens du passé et éléments socialement nuisibles », in S. Courtois（編纂），*Actes du colloque. Apogée des systèmes totalitaires en Europe*〔シンポジウム記録 欧州における全体主義制度の頂点〕, Paris, Editions du Rocher, 2003, p. 51–75.

（29） 1933年１月14日付秘密指令，GARF, 5446/15a/1096/67–75.

（30） この問題については多くの報告がある．*Cf.* GARF, 3316/64/1227/101–102.

（31） APRF, 3/58/158/116–120, cité in *Istocnik,* n° 6, 1997, p. 108.

（32） *Ibid.*

第２章　強制移住地，西シベリア

（１） GARF, 9479/1s/18/1–3.

（２） V. P. Danilov, S. Krasilnikov（éd.）, *Spetzpereselentsy v Zapadnoï Sibiri*（西シベリア特別強制移住者）, tome III, 1933–1938. 資料集 , Novossibirsk, Ed. Ekor, 1994, p. 76–77.

（３） *Ibid.*, tome I, p. 45.

（４） APRF, 3/30/196/117; V. P. Danilov, S. Krasilnikov, *op. cit.*, p. 78.

（５） 1932年はじめに「特別強制移住者」として登録された131万7000人はほぼつぎのように配分された．ウラル地方48万5000人，西シベリア30万人，カザフスタン14万人，アルハンゲリスク地方12万人，東シベリア９万2000人．1930年から31年にかけて180万3000人の農民が移住を強制され，うち死亡または逃亡した者はほぼ50万人，全体の28％．*Cf.* V. Zemskov, *Spetzposelentsy*（強制移住者）, Moskva, Ed. Nauka, 2004, p. 22–23.

（６） ニキータ・フルシチョフの秘密報告フランス語訳は以下を参照した．Branko Lazitch, *Le Rapport secret et son histoire*, Paris, Le Seuil, 1976, p. 67.

（７） ロベルト・エイヘの政治経歴については，*cf.* V. Pavlova, « Robert Eikhe », *Voprosy Istorii*, n° 3, 2000, p. 45–60.

（８） M. P. Malyseva, V. S. Poznanskii, *Kazaki-bezentsy ot goloda v Zapadnoi Sibiri*（西シベリア飢餓を逃れるカザフスタン人たち）, Almaty, 1999, p. 57–58.

（９） *Ibid.*, p. 65–67.

（10） *Ibid.*, p. 180–182.

(11) *Ibid.*, p. 203-204.

(12) 公式数字によると，6900のコルホーズ，農耕者・畜産業者の40%が1930年に集団化され，1931年7月には65%が，1932年には90%が集団化された．*Cf.* N.Werth, « La famine kazakhe de 1931-1933〔カザフスタン飢饉〕», *Communisme* n° 74-75, 2003, p. 8-42.

(13) この点についてはロシア・ソビエト連邦共和国人民委員会議副議長〔副首相〕T. Ryskulovからスターリンに宛てた1932年10月6日付の手紙を参照．RGASPI, 82/2/670/11-14.

(14) RGASPI, 558/11/40/87.

(15) M. P. Malyseva, *op. cit.*, p. 321-324.

(16) *Ibid.*, p. 280.

(17) GARF, 5446/13a/1320/2-3.

(18) David Shearer, « Social disorder, mass repression and the NKVD during the 1930's », *Cahiers du Monde russe*, 42/2-4 avril-décembre 2001, p. 510.

(19) *Ibid.*, p. 511.

(20) A. G. Tepliakov, « Personal i povsednevnost' Novosibirskogo UNKVD v 1936-1946 »（NKVDノヴォシビルスク地方組織の職員と日常生活），*Minuvshee* n° 21 1997, p. 240-244.

(21) *Cf.* Eric Hobsbawm, *Primitive Rebels: Studies in archaic forms of social mouvements in the 19th and 20th centuries*, New York, Norton, 1965 ; *ibd.*, *Bandits*, New York, The New Press, 2000.〔水田洋ほか訳『素朴な反逆者たち：思想の社会史』社会思想社，1989〕

(22) *Cf.* Nicolas Werth, « Les rebelles primitifs en URSS〔ソ連の原始的反逆者たち〕», *Communisme*, n° 70-71, 2002, p. 60-91.

(23) Lynne Viola, *Peasant Rebels under Stalin. Collectivization and the Culture of Peasant Resistance,* Oxford, Oxford University Press, 1996, p. 178.

(24) Nikolaï Gouchkine, Vladimir Ilinykh, *Klassovaia bor'ba v Sibirskoi derevne, 1920-ye-seredina 1930kh gg*（1920年と30年前半のシベリア農村における階級闘争），Novossibirsk, 1987, p. 197-198.

(25) Lynne Viola, *op. cit*, p. 178.

(26) V. M. Samosoudov, *Mouromtsevskoie vosstanie 1930 goda*（1930年のムロムツヴェフスクの蜂起），*Omskaia Starina, vyp. III*, Omsk, 1995, p. 141-145.

(27) TsA FSB, 2/11/455/25-26.

(28) 全国規模では1931年にコルホーズの17%が武装集団や「テロ行為」の犠牲になった．*Cf.* Sheila Fitzpatrick, *Stalin's Peasants*, Oxford, Oxford University Press, 1994, p. 234.

(29) TsA FSB, 2/9/552/570-581.

(30) V. P. Danilov, S. Krasilnikov (éd.), *Spetzpereselentsy v Zapadnoï Sibiri, 1931-1933*（西シベリアの特別移住者，1931-1933），tome II, Novossibirsk, 1993, p. 155- 156.

(31) 2つの大々的な「富農撲滅」の波については，*cf.* Nicolas Werth, « Le pouvoir

soviétique et la paysannerie〔ソビエト権力と農民〕», *op. cit.*, p. 7-22.

（32） Serguei Krasilnikov, *Serp i Molokh. Krestianskaia ssylka v Zapadnoï Sibiri v 1930-ye gody*〔鎌とモロク：1930年代の西シベリアへの農民強制移住〕, Moskva, Rosspen, 2003, p. 76.

（33） *Ibid.*, p. 77.

（34） V. P. Danilov, S. Krasilnikov（éd.）, *op. cit.*, tome I, p. 56-57.

（35） 1930年2月4日のOGPUの指令.

（36） Serguei Krasilnikov, *Serp i Molokh, op. cit.*, p. 137.

（37） *Ibid.*, p. 155.

（38） *Ibid.*, p. 156.

（39） *Ibid.*, p. 76.

（40） *Ibid.*, p. 155.

（41） V. P. Danilov, S.Krasilnikov（éd.）, *op. cit.*, tome I, p. 126.

（42） V. P. Danilov, R. Manning, L.Viola *& al.*（éd.）, *Tragedia Sovetskoi derevni: Kollektivisatsia i raskulacivanie. Dokumenty i materialy,* tom. II〔ソビエト農村の悲劇：集団化と富農撲滅政策 資料集2〕, Moskva, Rosspen, 2000, p. 523-525.

（43） アンドレイエフ委員会の設置と「強制移住—遺棄」から「強制移住—管理」への移行については, *cf.* Nicolas Werth, « Déplacés spéciaux et colons de travail dans la société soviétique〔ソビエト社会における特別移住者と労働植民者〕», *Vingtième siècle. Revue d'histoire* n° 54, avril-juin 1997, p. 34-50.

（44） V. P. Danilov, R. Manning, L.Viola *& al.*（éd.）, *Tragedia Sovetskoi derevni..., op. cit.*, tome II, p. 90.

（45） TsA FSB, 2/10/379a/175-177.

（46） アンドレイエフ委員会第1回会議議事録（1931年3月18日）, *Istoriceskii Arxiv*〔歴史資料〕, 1994, n° 4, p. 153.

（47） Serguei Krasilnikov, *Serp i Molokh…, op. cit.*, p. 87-88.

（48） RGASPI, 17/120/26/241.

（49） RGASPI, 17/120/26/235.

（50） V. P. Danilov, S. Krasilnikov（éd.）, *op. cit.*, tome II, p. 237.

（51） GARF, 9479/1/43/6.

（52） V. P. Danilov, S. Krasilnikov（éd.）, *op. cit*, tome II, p. 226.

（53） *Ibid.*, p. 231-233.

（54） S. Krasilnikov, *Serp i Molokh, op. cit.*, p. 161.

（55） *Ibid.*, p. 162.

（56） V. P. Danilov, S. Krasilnikov（éd.）, *op. cit.*, tome II, p. 81.

（57） GARF, 9479/1/89/206-207.

（58） TsA FSB, 2/11/234/5.

（59） S. Krasilnikov, *Serp i Molokh, op. cit.*, p. 161.

第3章　交渉と準備

（1）　*Nazinskaia Tragedia. Sbornik dokumentov*, doc. 33, p. 165–166.

（2）　そのときまでは「特別移住者」は原則として5年間居住地を決められて追放された者であり，5年後には市民権を回復できた．この追放期間後に家に戻れるかどうかは確かではなかった．1935年に強制移住者の帰還が問題になりはじめると，OGPUは秘密指令によって，「特別移住者」は市民権を回復しても特別な場合を除いて帰還はできず，没収資産の返却請求もできないと定めた．

（3）　APRF, 3/30/196/127.

（4）　APRF, 3/30/196/123–124.

（5）　APRF, 3/30/196/126.

（6）　APRF, 3/30/196/127.

（7）　GARF, 5446/57/24/2–12.

（8）　TsA FSB, 2/11/1309/8–9.

（9）　I. Gratch の G. Moltchanov 宛1933年3月26日付覚書，TsA FSB, 2/11/1313/84.

（10）　ナジノ島事件調査委員会の会議議事録，*Nazinskaia Tragedia. Sbornik dokumentov*, doc. 33, p. 152.

（11）　*Ibid.*, doc. 33, p. 103.

（12）　*Ibid.*, doc.1, p. 21.

（13）　*Ibid.*

（14）　S. Krasilnikov, *Serp i Molokh*, *op. cit.*, p. 171.

（15）　*Nazinskaia Tragedia*, *op. cit.*, doc. 33, p. 102.

（16）　「特別移住者」に適用される規則のいくつかの例については，*cf.* GARF, 393/43a/1796/9–18; *Spetzpereselentsy v Zapadnoi Sibirï*, *op. cit.*, tome I, p. 197–205.

（17）　*Cf.* Nicolas Werth, « Déplacés spéciaux... », art. cité, p. 44.

（18）　V. P. Danilov, S. Krasilnikov（éd.）, *op. cit.*, tome I, p. 202–203.

（19）　この命令（1931年7月3日付）は，特別移住者は一定の条件をみたせば5年後に市民権を回復できるとした．その条件とは「コルホーズ，コルホーズ農民，ソビエト政府に対するたたかいをやめたという事実を立証し」「国の発展のために尽くす正直で良心的な労働者であると立証する」ことだった．

（20）　V. P. Danilov, S. Krasilnikov（éd.）, *op. cit.*, tome II, p. 155

（21）　*Nazinskaia Tragedia*, *op. cit.*, doc. 2, p. 23–26.

（22）　*Iz istorii zemli Tomskoi, 1930–1933. Sbornik dokumentov*〔トムスク地方史，1930–1933年 資料集〕, Tomsk, 2001, p. 352.

（23）　*Nazinskaia Tragedia*, *op. cit.*, doc. 1, p. 22.

（24）　ツェプコフが監査官シュペクの手紙のなかで非難されていない点に留意．かれはシュペクが事実を報告したときに欠席していたかもしれない．実際ツェプコフは1931年9月にコルパシェヴォで「特別移住者」の一隊を護送するよう命じられ

たようだ.

（25） S. Krasilnikov, *op. cit.*, p. 173.

（26） 1988年に書かれたイヴァン・ウヴァロフの話はトムスク地方公文書館（GATO）に保管されている. Archives d'Etat de la province de Tomsk（GATO）, 1993/1/59/2-9 ; *Nazinskaia tragedia, op. cit.*, p. 191-202.

（27） S. Krasilnikov, *op. cit,* p. 173.

（28） *Nazinskaia Tragedia, op. cit.*, doc. 33, p. 102.

（29） *Ibid.*, p. 103.

（30） *Ibid.*, p. 105.

（31） *Ibid.*, p. 139.

（32） *Ibid.*, p. 104.

（33） *Ibid.*, p. 166.

（34） *Ibid.*, p. 105.

（35） *Ibid.*, p. 106.

第4章 トムスク中継収容所で

（1） *Nazinskaia Tragedia, op. cit.*, doc. 33, p. 122.

（2） TsA FSB, 2/11/763/22, 26, 28.

（3） TsA FSB, 2/11/763/33.

（4） TsA FSB, 2/11/763/34.

（5） *Nazinskaia Tragedia, op. cit.*, doc. 33, p. 145.

（6） *Ibid.*, doc. 11, p. 36-37.

（7） TsA FSB, 2/11/763/37.

（8） TsA FSB, 2/11/537/255.

（9） TsA FSB, 2/11/1313/201.

（10） GARF, 9479/1/19/5-6.

（11） TsA FSB, 2/11/537/250-259.

（12） *Nazinskaia Tragedia, op. cit.*, doc. 33, p. 171.

（13） TsA FSB, 2/11/1313/103.

（14） RGASPI, 17/162/14/108-109.

（15） TsA FSB, 2/11/1313/95.

（16） TsA FSB, 2/11/766/94-109.

（17） TsA FSB, 2/11/766/94-95.

（18） TsA FSB, 2/11/766/96.

（19） この分類については, *cf.* Nicolas Werth, « De deux catégories d'exclusion dans l'URSS des années 1920 et 1930 : gens du passé et éléments socialement nuisibles〔1920, 30年代のソ連におけるふたつの排除範疇について：過去の人びとと社会的有害分子〕», *in* S. Courtois（編纂）, *Actes du colloque : L'Apogée des systèmes totalitaires,* Paris, Ed. du Rocher,

2003, p. 51–75.

(20) TsA FSB, 2/11/537/293–296.

(21) TsA FSB, 2/11/537/292

(22) *Nazinskaia Tragedia, op. cit.*, doc. 33, p. 140.

(23) *Ibid.*, p. 145.

(24) *Ibid.*, doc.7, p. 32.

(25) *Ibid.*, doc. 33, p. 173.

(26) TsA FSB, 2/11/763/45.

(27) TsA FSB, 2/11/763/55.

(28) TsA FSB, 2/11/763/84.

(29) *Nazinskaia Tragedia, op. cit.*, doc. 12, p. 37–38.

(30) APRF, 3/30/196/184.

(31) TsA FSB, 2/11/537/240.

(32) TsA FSB, 2/11/1313/101.

(33) *Nazinskaia Tragedia, op. cit.*, doc. 33, p. 128.

(34) *Ibid.*, doc. 30, p. 90.

(35) *Ibid.*, doc. 29, p. 88.

(36) GARF, 9401/12/135/133

(37) 引用した例はスターリン宛ヴェリチコの手紙（*Spetzpereselentsy v Zapadnoi Sibiri, op. cit.*, tome III, p. 89–100）とコヴァレフを委員長とする調査委員会の最終報告（同書，p. 100–116）から抜粋した．コヴァレフ委員会のいくつかの中間報告はTsA FSB, 2/11/763/180–208に収められている．

(38) *Ibid.*

(39) ヴェリチコの手紙，p. 99.

(40) コヴァレフ委員会報告，p. 113.

(41) « *Nabrat' i otschitatsja* », コヴァレフ委員会報告，1933年10月8日付，TsA FSB, 2/11/763/180.

(42) ヴェリチコの手紙，p. 96

(43) スターリンみずからが起案したこの有名な命令は「国家財産」の窃盗または浪費にたいして10年の強制収容所労働刑（場合によっては死刑）を定めたもの．これはすぐさま巷間で「穂五本法」とあだ名された（この罪を着せられた人たちの大部分が集団化された畑で空き腹のせいでわずかな小麦の穂を掠めた集団農場員だったからだ）．この法令は公布されるとただちに10万人に適用され，政府にたいする底知れぬ社会的反感を即座に結晶させた．

(44) TsA FSB, 2/11/763/80.

(45) コヴァレフ委員会報告，p. 112–113.

(46) *Nazinskaia Tragedia, op. cit.*, doc. 33, p. 123.

(47) *Ibid.*, p. 176.

第5章　ナジノ島

（1）　*Nazinskaia Tragedia, op. cit.*, doc. 33, p. 107.
（2）　*Ibid.*, p. 117.
（3）　*Ibid.*, p. 118
（4）　*Ibid.*, doc. 32, p. 101.
（5）　*Ibid.*, doc. 33, p. 116.
（6）　*Ibid.*, p. 108.
（7）　*Ibid.*, p. 101. この点に関しては1933年5月5日の党地区委員会議事録がヴラソフ供述を確認している.
（8）　*Nazinskaia Tragedia, op. cit.*, doc. 8, p. 33-34.
（9）　*Ibid.*, doc. 33, p. 124.
（10）　*Ibid.*, p. 125.
（11）　ヴェリチコの手紙, p. 90.
（12）　*Nazinskaia Tragedia, op. cit.*, doc. 33, p. 125.
（13）　*Ibid.*, p. 128.
（14）　*Ibid.*, p. 112.
（15）　*Ibid.*, p. 126.
（16）　ヴェリチコの証言；その場にいたアレクサンドロ＝ヴァホフスカヤ管区責任者キセレフからシブラーグ経理部長宛の報告, 1933年5月19日（*Nazinskaia Tragedia, op. cit.*, doc. 10, p. 35-36）；輸送隊長コルバイエフのトムスク中継収容所長クズネツォフ宛報告, 日付なし（*Nazinskaia Tragedia, op. cit.*, doc. 15, p. 43-45）；ツェプコフの調査委員会での陳述（*Nazinskaia Tragedia, op. cit.*, doc. 33, p. 110-114）.
（17）　*Nazinskaia Tragedia, op. cit.*, doc. 33, p. 110-111.
（18）　*Ibid.*
（19）　ヴェリチコの手紙, p. 91；コルバイエフの証言, *Nazinskaia Tragedia, op. cit.*, doc. 15, p. 44.
（20）　ヴェリチコの証言, p. 91；コルバイエフの証言, p. 44.
（21）　*Nazinskaia Tragedia, op. cit.*, doc. 33, p. 111.
（22）　*Ibid.*, doc. 15, p. 44.
（23）　*Ibid.*, doc. 33, p. 118.
（24）　ヴェリチコの手紙, p. 92.
（25）　*Nazinskaia Tragedia, op. cit.* ウヴァロフの話, p. 198.
（26）　V. P. Danilov, S. Krasilnikov (éd.), *op. cit.*, tome III, p. 80-81.
（27）　死体から抜いた金歯の取引に言及しているタイサ・チョカレヴァの証言に反して, アレクサンドロフスコエにはトルグシン（Torgsin）はなかった. 闇取引人は「品物」をトムスクのトルグシンに流していた. 全国のトルグシンは貿易人民委員部に管轄されていた. トルグシンは特殊な形態の国営商店であり, 外貨, 金,

特別クーポンだけが通用し，党特権階級（ノメンクラトゥーラ）に属する者に限って買い物ができた．ここではどんな「不足」商品でも買うことができた．

(28)　「1人の強制移住者が配給の小麦粉を2人分受け取ろうとした．監視兵のホドフは，そこに置けと一言いうと，かれの頭に拳銃を押しつけ撃ち殺した（かれは自分から辞める前にそんな風にしてたくさんの強制移住者を処刑した）」（Velitchko, p. 92）．

(29)　コヴァレフ委員会報告，TsA FSB, 2/11/763/185–186 ; *Spetzpereselentsy v Zapadnoi Sibiri, op. cit.*, tome III, p. 114.

(30)　ヴェリチコの手紙，p. 94.

(31)　*Nazinskaia Tragedia, op. cit*, doc. 33, p. 161.

(32)　Nina Lougovskaia, *Journal d'une écolière soviétique*〔ソビエト小学生の日記〕, Paris, Robert Laffont, 2005, p. 77.

(33)　たとえば，1933年3月1日付「赤軍新兵に送られた手紙の抜粋の編集報告」，N. Werth, « Le pouvoir soviétique et la paysannerie dans les rapports de la police politique, 1930–1934 », *op. cit.*, p. 234–240 所収を参照．

(34)　Marc Bloch, « Réflexions d'un historien sur les fausses nouvelles de la guerre〔戦争の噂についての一歴史家の考察〕», *Mélanges historiques*, tome I, Paris, EHESS, 1983, p. 54. スターリン治下のソ連での噂現象の分析については，*cf.* N. Werth, « Rumeurs défaitistes et apocalyptiques dans l'URSS des années 1920 et 1930〔1920, 30年代のソ連における敗北主義的・末期論的な噂〕», *Vingtième siècle. Revue d'histoire* n° 71, juillet-septembre 2001, p. 25–37を参照．

(35)　1933年3月22日付ウクライナGPU長官フセヴォロド・バリツキーの指令を参照．これは部下にたいして，党地方責任者には口頭だけで「食糧難に関連する問題」について知らせることを命じている．理由は「文書だと党機関内で流布し，いわゆる飢餓や人肉食の流言の元になるので，それを避けるため」だとしている．*Cf.* N. Werth, « Le pouvoir soviétique et la paysannerie... », *op. cit.*, Introduction, p. 35.

(36)　5月20日のナジノ島視察についてコルバイエフが作成した報告を参照．*Nazinskaia Tragedia, op. cit.*, doc. 15, p. 44.

(37)　V. P. Danilov, S. Krasilnikov (éd.), *op. cit.*, tome III, p. 80–81. 他の証言によると，その前夜にパンの特別配給を餌に墓掘人として使役された流刑者が集めた死体数は137体だった（*Nazinskaia Tragedia, op. cit.*, doc. 33, p. 158）．

(38)　*Ibid.*

(39)　*Ibid.*, doc. 19, p. 52–53.

(40)　*Ibid.*, doc. 33, p. 159.

(41)　*Ibid.*, doc. 16, p. 46.

(42)　*Ibid.*, doc. 33, p. 160.

(43)　*Ibid.*, doc. 30, p. 97.

(44)　Jacques Rossi, *Le Manuel du Goulag*, Paris, Le Cherche Midi, 1997, p. 283.〔ジャック・ロッシ『ラーゲリ（強制収容所）註解事典』校閲染谷茂，監修内村剛介，翻訳梶浦智吉・

浅田恭一，恵雅堂出版，1996〕

（45）　マリア・アフティーナの証言（ナジノ，1989年７月21日）は新聞 *Narodnaia Tribuna*, Tomsk, 1993年４月17日付に掲載；タイシア・チョカレヴァの証言（1989年７月21日）は同紙1993年４月17日付に掲載；テオフィラ・ビリナの証言（1989年７月21日），ナタリア・タナサコヴァの証言（1989年７月22日）はいずれも同紙1993年４月17日付に掲載.

（46）　テオフィラ・ビリナの証言.

（47）　テオフィラ・ビリナとナタリア・タナサコヴァの証言.

（48）　TsA FSB, 2/11/763/257–258; *Nazinskaia Tragedia, op. cit.*, doc. 30, p. 97.

（49）　意味深長なことに，ドルギフ報告では人肉食問題は「政治情勢」と題された部分で扱われている.

（50）　*Nazinskaia Tragedia, op. cit.*, doc. 30, p. 96–97.

（51）　*Ibid.*

（52）　*Ibid.*, doc. 26, p. 79–80; イヴァン・ウヴァロフの話，*ibid.*, p. 197–199.

（53）　S. Krasilnikov, *Serp i Moloch, op. cit.*, p. 104.

（54）　*Nazinskaia Tragedia, op. cit.*, doc. 26, p. 80.

（55）　イヴァン・ウヴァロフの話 , *ibid.*, p. 199.

（56）　1933年６月６日付，アレクサンドロ＝ヴァホフスカヤ管区医療班によるナジノ島の状況に関する報告，*Nazinskaia Tragedia, op. cit.*, doc. 17, p. 50.

（57）　1933年５月29日付，同志ツェプコフの「階級脱落分子の受け入れと居住について」と題する報告をめぐる，アレクサンドロフスコエの党地区委員会の決議，*Nazinskaia Tragedia, op. cit.*, doc. 14, p. 41–43.

（58）　*Nazinskaia Tragedia, op. cit.*, doc. 16, p. 45–49.

（59）　*Ibid.*, doc. 16, p. 47–48; doc. 33, p. 114–115.

（60）　*Ibid.*, doc. 20, p. 54.

（61）　スターリン宛の手紙でヴェリチコは，ナジノ島から78人の流刑者を乗せて出発した一隻の船の場合，４日後の到着時には生存者は12人だった例を挙げている.（*Spetzpereselentsy v Zapadnoi Sibiri, op. cit.*, tome III, p. 93）.

（62）　ナジノ島の死者数は1473人（西シベリア・ソビエト執行委員会副委員長レシコフの報告６月12–16日，*Nazinskaia Tragedia, op. cit.*, doc. 20, p. 54）から1970人（シブラーグ委員会報告1933年６月21日，*Nazinskaia Tragedia, op. cit.*, doc. 22, p. 58）と記載が異なっている.

（63）　イヴァン・ウヴァロフの話，*Nazinskaia Tragedia*, p. 200.

（64）　ナジノ島をシブラーグ特別移住部長ドルギフが視察後（６月20–21日）に命じた集計では，2809人が行方不明とされている．６月29日にツェプコフが書いた覚書によると，「不在の2809人は，ナジノ島で発見された455体の遺体と周辺のタイガで発見された991体の遺体を除いては，逃亡したと見なされる」. *Cf. Nazinskaia Tragedia*, doc. 23, p. 61.

（65）　GANO, P-3/2/363/63

(66) *Nazinskaia Tragedia, op. cit.*, doc. 33, p. 149–150. さらに，ドルギフが8月末に作成した使命報告書があり，調査委員会での供述を補足している．*Cf.* TsA FSB, 2/11/763/250–259.

(67) 調査委員会でのドルギフの報告，*Nazinskaia Tragedia*, doc. 33, p. 149. ドルギフは献身的な官僚として，集められる限りの情報を詳細に記載した報告を作成した．これは正に不足品の一覧表だ．「鉄製シャベル190挺，布217メートル，中古靴50足，薄手の中古外套330着，針2000本，糸259巻き，ボタン1000個，指貫200個，中古シャプカ帽98個，木製匙570本，窓ガラス15箱，ビスケット519キロ，塩魚2070キロ，パン5394キロ」(TsA FSB, 2/11/763/253).

(68) *Nazinskaia Tragedia, op. cit.*, doc. 30, p. 93–94.

(69) *Ibid.*, p. 90.

(70) *Ibid.*, p. 91–92.

(71) *Ibid.*, doc. 22, p. 57–61.

(72) 特別移住部の資料によると，1933年に12万人の強制移住者が西シベリアで「失踪した」(1932年には7万4000人)．統計表では「登録された死者」(2万6709人)，「登録された逃亡者」(4万9718人)，「その他の失踪者」(4万3048人) と区別していた． *Cf.* V. Zemskov, *Spetzposelentsy, op. cit.*, p. 23–25.

(73) GANO, P–3/2/363/117.

(74) TsA FSB, 2/11/763/143.

(75) GARF, 9479/1/19/7.

(76) 1933年10月のシブラーグ報告によると，「モスクワ地方のロマ特別枠は，その大部分が逃亡し失踪したため，その分類では記帳できなくなった」*Cf.* Iu. A. Poliakov, V. B. Jiromskaia (éd.), *Naselenie Rossii v XX veke*〔20世紀ロシアの人口〕, tome I, 1900–1939, Moskva, Ed. Rosspen, 2000, p. 308.

(77) GARF, 9479/1/19/9.

(78) *Nazinskaia Tragedia, op. cit.*, doc. 24, p. 62–66.

(79) *Ibid.*, p. 63.

(80) *Ibid.*, p. 65.

(81) *Ibid.*, p. 66.

(82) *Ibid.*

(83) TsA FSB, 2/11/763/104. 似たような調子で，1933年6月28日にシブラーグ長官からG. ヤゴダとM. ベルマンに報告が送られた． TsA FSB, 2/11/763/106.

(84) 教育宣伝係V. ヴェリチコのK. L. レヴィツ，R. R. エイヘ，J. V. スターリン宛手紙，*Spetzpereselentsy v Zapadnoi Sibiri, op. cit.*, tome III, p. 89–100.

(85) ヴェリチコは，1933年5月18日と26日にナジノ島で下船させられた約6100人にさらに「ナジナ川沿いの移住地向けに他の管区から連れてこられた500から700人が加わった」とした． *Ibid.*, p. 95.

(86) 党員として認められる前に，党員候補者は出身階級別で決められた一定の期間を待たねばならなかった（労働者は6カ月，農民は1年，事務労働者は2年）.

この待機期間中は「党員候補」証を受け取った.

(87) *Nazinskaia Tragedia, op. cit.*, doc. 33, p. 138.

(88) ヴェリチコの手紙, p. 99.

(89) RGASPI, 17/163/992/20.

(90) V. P. Danilov, S. Krasilnikov, *op. cit.*, tome III, p. 107.

(91) *Ibid.*, p. 108.

(92) この点に関して委員会は, ナリム地方党組織書記レヴィツから受け取った長文の報告書の結論から多くを採用している. レヴィツは地方党員の「階級感覚喪失」を癒すために「党文献」と新聞を豊富に備えた小さな管区図書館網を組織するよう提案している. *Cf.* S. Krasilnikov, *Serp i Molock, op. cit.*, p. 179–180.

(93) *Spetzpereselentsy v Zapadnoi Sibiri, op. cit.*, tome III, p. 110.

(94) 以前に OGPU 地方当局は2000人近くの流刑者をクズバス炭鉱へ移す交渉を試みたことがあるが, クズバス炭鉱を管理する国営企業クズバスゴルは断固この賦役労働力を拒絶し, それよりもっぱら働き者の元富農を雇った (西シベリア OGPU シブラーグ長官アレクセイエフのヤゴダ宛1933年9月22日付の電報, TsA FSB, 2/11/763/175).

(95) *Spetzpereselentsy v Zapadnoi Sibiri, op. cit.*, vol. III, p. 115.

(96) たとえばシブラーグ経理部の人員移動に関する種々の統計表が参考になる. これはトムスク, オムスク, アチンスクの中継収容所を経由して1933年の「特別移住作戦」中に西シベリア管区に送られた強制移住者の出発と移動を対象としている. GANO, 3/2/363/36, 37, 117, 118, 162–165, 172–175. この文献資料はクラシルニコフ教授から送られたもので, 同教授に感謝する.

(97) *Spetzpereselentsy v Zapadnoi Sibiri, op. cit.*, tome III, p. 115.

(98) TsA FSB, 2/11/763/181.

(99) TsA FSB, 2/11/763/175.

(100) *Ibid.*, p. 177.

(101) かれらに対してどんな制裁が下されたのかは確かめられなかった.

(102) TsA FSB, 2/11/763/203–206.

むすび

(1) 野蛮への逆行過程については, *cf.* Stephen Mendel, « L'envers de la médaille : les processus de décivilisation〔メダルの裏側：文明破壊の過程〕», *in* C. Lacroix / J. Guarrigou (編纂), *Elias, la politique et l'histoire,* Paris, La Découverte, 1997, p. 213–236.

(2) たとえば1930年1月30日付 OGPU 命令 n°44–21,「階級としての富農撲滅作戦の措置について」は秘密政治警察のすべての地方責任者に発出されている. この命令は各地方に「第1, 第2分類の富農撲滅枠」を割り当てた. まず6万人とする「第1分類の富農」は「反革命活動に参加」または「並外れて頑固」(ママ) と定義され, 逮捕して簡単な裁判外手続きを経て労働収容所に送ること, 15万4000人

とする「第2分類の富農」は同様にまったくいい加減に「反革命活動にそれほど積極的に参加しなかった搾取農民」と定義され，逮捕後，過酷な自然の辺境地方に設置される「特別村」に家族ぐるみで強制移住させることを命じた.

（3） わたしはこの表現をリン・ヴィオラから借用する. *Cf.* Lynne Viola, « The Aesthetic of Stalinist Planning and the World of the Special Villages », *Kritika*, vol. 4/1, 2003, p. 101–128.

（4） 「グラーグ特別移住地」コレクション（GARF, 9479/1）は数千ページの官僚文書と管理規則を保管している.

（5） GARF, 9479/1/3/23–24.

（6） 「富農撲滅」の作戦を展開し，その犠牲者を適切に選択する責任を負わされながら，党と警察の責任者たちはそれを果たせない欲求不満を溜めこんでいた. その様子を驚くほどはっきりわからせてくれるのは，1930年2月に逮捕者の分類各種を詳細に記して地方から上げられてきた報告にヤゴダが書きこんだ感想である.「中部ヴォルガとレニングラードの責任者たちはわれわれの指令を理解していないか，あるいは理解しようとしない. 連中に理解させねばならない. われわれは全国で司祭，商人，その他を一掃しているのではない. 連中が「その他」と書きこんでいることは，誰を逮捕しているのか知らないというに等しい. 司祭や商人を駆除するのは先のことで時間はたっぷりある. 的を正確に射抜かねばならない. 的は富農と反革命的富農である」(TsA FSB, 2/8/41/40).

（7） *Cf.* Nathalie Moine, art. cité.

（8） Max Weber, *Economy and Society*, vol. I, Berkeley, University of California Press, 1978, p. 54.

（9） 近代化と古風のあいだの複雑微妙な関係についてはモシェ・レヴィンのすぐれた分析がある. *Cf.* Moshe Lewin, *La Formation du système soviétique*〔ソビエト制度の形成〕(Paris, Gallimard, 1987), 特に，ch. XI, XII.

エピローグ

（1） 1933年1月,「強制移住者」は114万2000人を数えた. 1930年の大量強制移住の開始以来，損失は莫大だった. 実際1930年から1932年にかけて約200万人が移住を強制されたが，3年以内にその40%以上が死亡した. 1932年はじめまで公式統計が取られていなかったのか，死亡者と逃亡者数は不明である. *Cf.* V. Zemskov, *Spetsposelentsy v SSSR, 1930–1960*（ソ連における特別移住者，1930–1960）, Moskva, Ed. Nauka, 2003, p. 20–23.

（2） *Ibid.*

（3） 1930年代前半の「特別移住地」での生活については多くの資料集がある. とくに下記を参照. T. Tsarevskaia (éd.), *Spetzpereselentsy*, tome II de *Istoria Stalinskogo Gulaga*〔スターリン・グラーグの歴史〕全6巻，Moskva, Rosspen, 2004.

（4） GARF, 9479/1/16/15.「特別強制移住者」の集中したおもな地方については非常

に多くの類似の報告がある（北極，シベリア，ウラル，カザフスタン地方）．GARF, 9479/1/7-10; *cf.* N. Slavko (éd.), *Kulatskaia ssylka na Urale, 1930-1936*〔富農のウラル追放，1930-1936〕, Moskva, 1995 ; V. V. Alexine, *Raskulechennye spetspereselentsy na Urale*〔ウラルの元富農〕, Ekaterinburg, 1993 ; G. F. Dobronozhenko, L. S. Shabalova (éd.), *Spetsposelki v Komi oblasti*〔コミ共和国の特別村〕, Syktyvkar, 1997 ; Lynne Viola, « La famine de 1932-1933 en Union soviétique〔ソ連の飢餓 1932-1933〕», *Vingtième siècle. Revue d'histoire*, n° 88, octobre-décembre 2005, p. 5-22.

（5） 1933年1月と6月のあいだに「特別強制移住者」の食糧基準は，小麦粉と干し魚については50％減，砂糖については70％減．1933年5-6月には「規定食糧配給」(paiok) は働ける成人移住者にたいして月に小麦粉6キロ，干し魚800グラム，砂糖300グラムで，その他肉，乳製品，野菜のような食料品は「食糧自給」計画に沿って自分たちで生産するはずで，「規定食糧配給」にはまったく入っていなかった．

（6） GARF, 9479/1/89/216. この数字のくわしい分析については，*cf.* Iu. A. Poliakov, V. B. Jiromskaia (éd.), *Naselenie Rossii v XX veke*〔20世紀のロシアの人口〕, tome I, Moskva, Ed. Rosspen, 2000, p. 279-280.

（7） 刑務所に収監されている囚人の数は，短期受刑者を釈放し，3年から5年の受刑者は「特別村」に移送することになっていたために半減するはずだった．1933年5月8日の回状の原文は以下に所収．V. P. Danilov *& al.* (éd.), *Tragedia sovetskoi derevni, op. cit.*, tome III, p. 746-750.

（8） GARF, 5446/57/25/161-166（1933年8月21日付人民委員会議決議）．

（9） 1935-1936年に数万人の少数民族（フィンランド人，ポーランド人，ドイツ人）はソ連国境「保全」「浄化」作戦によってソ連国境地帯（レニングラード地方，西ウクライナ）を追われ，強制移住させられた．1937年9月から10月にかけて，ウラジオストク地方に住む朝鮮少数民族全員（17万2000人）はカザフスタンへの移住を強制された．公には，官僚用語でいう「行政的に移転させられた」これらの強制移住者たちは厳密な意味では，財産を没収され市民権を剥奪された「特別移住者」とは同列視されなかった．*Cf.* Nicolas Werth, « Les déportations de populations suspectes dans les espaces russes et soviétiques, 1914-1953. Violences de guerre, ingénierie sociale, excision ethno-historique〔ロシアとソ連における疑わしい住民の移送，1914-1953：戦争暴力，社会工学，民族的・歴史的切除〕», *Communisme*, n° 78/79 (2004), p. 11-43.

（10） 1940年から「特別移住地」の人口は急増した．これは1939年8月23日の独ソ不可侵条約の秘密議定書に沿って，ソ連が併合した地域の数十万人のポーランド人，バルト三国人が強制移住させられたからだ．

（11） 1933年はじめの拘留者33万4000人は，1934年1月には51万人に増加した．グラーグの統計については，*cf.* Iu. A. Poliakov, V. B. Jiromskaia, *op. cit*, p. 311-330.

（12） *Ibid.*, p. 326.

（13） GARF, 1235/2/1650/27-35. 国内旅券制度作戦によって逮捕された人々に下され

た種々の有罪判決の詳細な分析については，*cf.* Nicolas Werth, « De quelques catégories d'exclusion...〔いくつかの除外範疇について…〕», art. cité, p. 72-73.

(14) GARF, 5446/15a/1071/16-20.

(15) 1934年7月の内務人民委員部の改革で，国内旅券携帯強制にあたって設置された政治警察の三人委員会（トロイカ）は一時的に廃止された．この委員会があつかった案件は書類で溢れかえった裁判所に移管された．

(16) RGASPI, 558/2/155/66-67.

(17) GARF, 9401/1/4157/203.

(18) GARF, 8131/38/6/62-64. *Cf.* David Shearer, « Social Disorder, Mass Repression and the NKVD during the 1930's », *Cahiers du Monde russe* n° 42/2-3-4, avril-décembre 2001, p. 524.

(19) *Cf.* Nicolas Werth, « Les rebelles primitifs en URSS », art. cité.

(20) これについては西シベリアNKVD責任者S.M.ミローノフがR.エイヘ（1937年5月と6月）とN.エジョフ（1937年7月はじめ）に送った報告を参照．掲載紙は *Trud*, 2 août 1997, p. 5.

(21) David Shearer, art. cité, p. 531.

(22) V. P. Danilov, R. Manning, L. Viola *& al.*（éd.），*Tragedia sovetskoi derevni, op. cit.*, vol. V/1, p. 146.

(23) モスクワ地域の割り当ては3万5000人（うち4000人が第1分類），レニングラード地域は1万4000人（うち4000人が第1分類），西シベリア（ノヴォシビルスク，オムスク，アルタイ地方）は2万500人（うち1万4000人が第1分類），ウラル地方は1万6000人（うち5500人が第1分類），黒海アゾフ地方は1万3000人（うち5000人が第1分類）．NKVDの指令00447号は1992年6月4日付の *Trud* 紙ではじめて公開された．「大恐怖」とこのスターリン暴力の頂点における「大弾圧作戦」の位置づけの分析については，わたしの論文「大恐怖を再考する」（Repenser la Grande Terreur），*Le Débat*, n° 122（novembre-décembre 2002），p. 118-139をお読みいただきたい．

(24) *Ibid.*, p. 124.

(25) この用語はロバート・コンクェストの先駆的労作，*The Great Terror*（『スターリンの恐怖政治 上・下』片山さとし訳，三一書房，1976）によって広められた．ソビエト公文書館の利用がまったくできなかったコンクェストは当時西側で入手できた資料をもとに，共産党エリート，政治・軍事・経済分野の幹部，インテリゲンツィアにたいする抑圧に焦点を当てた．「社会的有害分子」に対する大規模弾圧はそこから外れていた．政府はエリートにたいする抑圧をすすんで国民に周知させた（「モスクワ裁判」を参照）．だがエリートが「大恐怖」の犠牲者全体に占める割合は微々たるものだ（NKVDは150万人を逮捕，うち80万人を銃殺したが，エリートは数万人にすぎなかった）．

(26) *Trud*, 4 juin 1992, p. 1. 指令00447号の英訳は下記を参照．J. Arch Getty, O. Naumov（éd.），*The Road to Terror. Stalin and the Self-Destruction of the Bolsheviks, 1932-*

1939, New Haven, Yale U. P., 1999, p. 470-471.

(27) GARF, 8131/37/131/36-39.

(28) ミローノフ S. Mironov はノヴォシビルスク地方とアルタイ地方，ゴルバッチ G. Gorbatch はオムスク地方それぞれの NKVD の責任者だった．1937年 9 月からゴルバッチは同地方全体の NKVD 責任者となった．

(29) 引用は，A. A. Petrushin, *My ne znaem poscady. Sbornik dokumentov*〔われわれは無慈悲だ 資料集〕, Tiumen, 1999, p. 137-138.

(30) V. P. Danilov, R. Manning, L. Viola *& al.*（éd.）, *Tragedia sovetskoi derevni*, *op. cit.*, vol. V/1, doc. 214, p. 326.

(31) 計算の根拠は，*Tragedia sovethkoi derevni*, vol. V/1, doc. 264（ノヴォシビルスク・アルタイ地方）; V. M. Samosudov, *Bolshoi terror v Omskom Priirtychie*（オムスク・イルティシュ地方の大恐怖）, Omsk, 1998, p. 120, 122.

(32) たとえば1937年10-11月に「割り当て達成」のためにアルタイ地方の NKVD がおこなった00447号作戦のやり方が参考になる．GARF, 8131/32/6329/27-32.

(33) 大恐怖の犠牲者が「いかにして社会の周縁に追いやられたか」を数行で要約した短い人物評が暗示しているように，かれらの多くは何年ものあいだに社会の除け者のあらゆる特徴をそなえるにいたった．1930年代の初期に強制移送され，居住地とされた場所から頻繁に逃亡し，偽名を使い，警察に目をつけられ，逮捕され，1930年代上半期に「国内旅券制度の頑固な違反者」「投機者」あるいは「階級脱落分子」として収容所労働の刑に処された．1990年代半ばからロシアで地方毎に出版された多くの「抑圧犠牲者の回想録」が参考になる．*Cf.* Rolf Binner, Marc Junge, Terry Martin, « The Great Terror in the Provinces of the USSR. A Cooperative Bibliography », *Cahiers du Monde russe*, n° 42/2-3-4, avril-décembre 2001, p. 679-695.

本書には、現在では差別的と取られかねない表現がありますが、歴史書としての性格、時代背景を考慮してそのままとしました。

著者略歴

(Nicolas Werth)

1950年生まれ．フランスのソ連史専門家．フランス国立学術研究所（CNRS）研究員，同研究所付属現代史研究所上席研究員を歴任し，2015年に退職．以降は執筆活動を続ける．著書『ロシア農民生活史』（ニコラス・ワース，荒田洋訳，平凡社 1985），『共産主義黒書〈ソ連篇〉』（共著，外川継男訳，恵雅堂出版 2001，ちくま学芸文庫 2016），『ロシア革命』（石井規衛監修，創元社 2004），他多数．父親は『戦うソヴェト・ロシア』（全2巻，中島博・壁勝弘訳，みすず書房 1967, 69）の著者，アレグザンダー・ワース．

訳者略歴

根岸隆夫〈ねぎし・たかお〉 翻訳家．長くドイツとフランスに住み，戦間期の欧州政治史，とくに全体主義に関心をもつ．パリ1968年5月，プラハの春，ベルリンの壁の崩壊，ソ連の自壊に遭遇．訳書 トロツキー『テロリズムと共産主義』（現代思潮社 1970），クリヴィツキー『スターリン時代』（第2版，1987），ポレツキー『絶滅された世代』（1989），リード／フィッシャー『ヒトラーとスターリン』（上下，2001），ジェラテリー『ヒトラーを支持したドイツ国民』（2008），ザスラフスキー『カチンの森』（2010），ビーヴァー『スペイン内戦』（上下，2011），ネイマーク『スターリンのジェノサイド』（2012），いずれもみすず書房．

ニコラ・ヴェルト

共食いの島

スターリンの知られざるグラーグ

根岸隆夫訳

2019年 2月 8日　第1刷発行

発行所　株式会社 みすず書房
〒113-0033 東京都文京区本郷2丁目20-7
電話 03-3814-0131(営業) 03-3815-9181(編集)
www.msz.co.jp

本文組版　キャップス
本文印刷所　萩原印刷
扉・表紙・カバー印刷所　リヒトプランニング
製本所　松岳社
地図製作　ジェイ・マップ

ISBN 978-4-622-08755-7
[ともぐいのしま]